"一带一路"建筑类大学国际合作实践

丁 帅 编著

中国建材工业出版社
北京

图书在版编目(CIP)数据

"一带一路"建筑类大学国际合作实践/丁帅编著
.--北京:中国建材工业出版社,2024.4
ISBN 978-7-5160-3874-1

Ⅰ.①一… Ⅱ.①丁… Ⅲ.①北京建筑大学－国际合作－研究 Ⅳ.①G649.281

中国国家版本馆 CIP 数据核字(2023)第 218084 号

"一带一路"建筑类大学国际合作实践
"YIDAIYILU" JIANZHULEI DAXUE GUOJI HEZUO SHIJIAN
丁 帅 编著

出版发行：中国建材工业出版社
地　　址：北京市海淀区三里河路 11 号
邮　　编：100831
经　　销：全国各地新华书店
印　　刷：北京印刷集团有限责任公司
开　　本：710mm×1000mm　1/16
印　　张：8.5
字　　数：170 千字
版　　次：2024 年 4 月第 1 版
印　　次：2024 年 4 月第 1 次
定　　价：78.00 元

本社网址：www.jccbs.com，微信公众号：zgjcgycbs
请选用正版图书，采购、销售盗版图书属违法行为
版权专有，盗版必究。本社法律顾问：北京天驰君泰律师事务所，张杰律师
举报信箱：zhangjie@tiantailaw.com　　举报电话：(010)57811389
本书如有印装质量问题，由我社事业发展中心负责调换，联系电话：(010)57811387

编委会

编 著 丁 帅
参 编（以姓氏笔画为序）
　　　　刘 星　刘书青　李 洋　黄 兴
主 审 蒋 捷

前　言

自 2013 年"一带一路"倡议正式提出以来，国内众多大学相继发起和参与了该倡议下的大学国际联盟，并将其作为各校推进国际化工作的重要策略和抓手。通过 10 年的发展，我们可以看到，基于"一带一路"倡议的国际教育交流工作和以国际联盟为平台的国际交流创新与人才培养实践，是打造跨国界、多领域协同创新平台，推进民心相通、跨文化交流与理解的有力行动。

本书以"一带一路"建筑类大学国际联盟建设过程为出发点，全面梳理"一带一路"共建国家的教育交流需求，通过大学国际联盟发展的典型经验及举措，思考与展望未来，在国际格局的新变化与新特征下，大学如何以国际联盟为交流平台，促进其国际化发展，服务"一带一路"共建国家教育发展与合作。

本书的编著者是北京建筑大学国际教育交流工作团队的主要成员。该团队成员均为拥有多年国际组织任职经验及国际教育交流合作经验的高校一线工作专家及人员，参与了"一带一路"建筑类大学国际联盟的筹备、成立与建设发展，积累了丰富的创新性成果。近年来，团队致力于"一带一路"建筑类大学国际联盟的运行和品牌创立，对"一带一路"共建国家高校间的合作与交流、国际化人才培养及教育教学、科研合作等具有较全面的认识与见解。

全书由丁帅统稿和定稿，撰写人员及分工如下（以撰写章节先后为序）：丁帅撰写引论；刘星、丁帅撰写第 1 章；刘书青撰写第 2 章；李洋撰写第 3 章；黄兴撰写第 4 章；刘星、丁帅撰写第 5 章。

本书在编写过程中得到蒋捷教授的全力指导，同时还得到相关兄弟院校有关领导及相关同事的鼓励、支持和帮助，在此对各位领导、老师、同事以及有关专家学者表示深深的敬意和感谢。

由于编者的水平与经验所限，书中难免存在错误和不妥之处，翘望各界人士和读者不吝赐教，以利今后再行修订。

编著者

2023 年 10 月

目 录

引论 ·· 001

1 "一带一路"——新丝路 新机遇 新未来 ······································ 002
1.1 "一带一路"倡议及概况 ·· 002
1.2 "一带一路"教育国际交流与合作的需求分析 ····································· 018

2 国内高校"一带一路"相关国际联盟 ··· 030
2.1 国内高校"一带一路"相关国际联盟概况 ·· 030
2.2 国内高校"一带一路"相关国际联盟发展走向 ····································· 044
2.3 国内高校"一带一路"相关国际联盟的经验与启示 ····························· 046

3 "一带一路"建筑类大学国际联盟实践与探索 ······························· 055
3.1 发起背景与意义 ··· 055
3.2 联盟目标与宗旨 ··· 061
3.3 合作机制与成果 ··· 069

4 "一带一路"背景下的高校建筑类人才培养与合作实践 ·················· 095
4.1 中外合作办学项目的运行经验及启示 ··· 095
4.2 国际学生的招生与培养 ·· 099
4.3 中外联合培养的实践与探索 ··· 103

5 "一带一路"背景下教育合作的发展思考与建议 ··························· 107
5.1 "一带一路"背景下的高等教育发展 ·· 107
5.2 分区域阐述发展建议 ·· 113

引　论

　　中国与"一带一路"共建国家各领域交流合作进展迅速,互联互通成果显著。10年来,共建国家在"一带一路"框架下推进政策沟通、加快设施联通、促进贸易畅通、探索资金融通、增进民心相通。其中,民心相通是共建"一带一路"的人文基石,各国开展了形式多样、领域广泛的公共外交和文化教育交流,增进了相互理解和认同,为共建"一带一路"奠定了坚实的民意基础。随着国际交往的日益密切及"一带一路"倡议的实施,各高校也掀起了"一带一路"建设和全球治理研究的热潮。一方面,"一带一路"共建国家国情多样,经济文化发展差异较大,民族宗教状况复杂;另一方面,"一带一路"共建国家贡献了璀璨的人类文明,是我们发展国际交流的重要内容。越来越多的中国高校发起和参与基于"一带一路"倡议下的大学联盟,致力于提升自身综合实力和国际影响力,拓宽与世界各地大学之间的广泛交流,促进文化沟通和相互理解,培养专门人才,从而推进国际教育资源共享。

　　在本书中,我们将视角置于"一带一路"共建国家的政治经济背景下,尤其关注共建国家教育国际交流与合作的需求分析,综合10年来国内高校牵头成立的"一带一路"相关国际联盟,分析上述联盟的运行机制和发展现状;同时具体以"一带一路"建筑类大学国际联盟为例,总结大学国际联盟的建设发展经验;针对大学如何以联盟为平台,促进国际化发展,服务"一带一路"共建国家教育交流进行了思考与展望。

1 "一带一路"——新丝路 新机遇 新未来

1.1 "一带一路"倡议及概况

"一带一路"是"丝绸之路经济带"和"21世纪海上丝绸之路"的简称。2013年9月和10月,中国国家主席习近平在出访哈萨克斯坦和印度尼西亚时先后提出共建"丝绸之路经济带"和"21世纪海上丝绸之路"的重大倡议。在经济全球化趋势停滞及全球经济低迷的国际背景下,"一带一路"倡议的提出,旨在借用古代丝绸之路的历史符号,高举和平发展的旗帜,充分依靠中国与有关国家既有的双多边机制,构建行之有效的区域合作平台,共同打造政治互信、经济融合、文化包容的利益共同体、命运共同体和责任共同体。

1.1.1 "一带一路"倡议及现阶段发展情况

1.1.1.1 "一带一路"倡议的提出过程

2013年9月7日,国家主席习近平在哈萨克斯坦纳扎尔巴耶夫大学发表题为《弘扬人民友谊 共创美好未来》的重要演讲时提出,为了使我们欧亚各国经济联系更加紧密、相互合作更加深入、发展空间更加广阔,我们可以用创新的合作模式,共同建设"丝绸之路经济带"。2013年10月3日,国家主席习近平在印度尼西亚国会发表题为《携手建设中国—东盟命运共同体》的重要演讲时表示,东南亚地区自古以来就是"海上丝绸之路"的重要枢纽,中国愿同东盟国家加强海上合作,使用好中国政府设立的中国—东盟海上合作基金,发展好海洋合作伙伴关系,共同建设"21世纪海上丝绸之路"。2013年11月,党的十八届三中全会审议通过的《中共中央关于全面深化改革若干重大问题的决定》明确提出,推进"丝绸之路经济带""海上丝绸之路"建设,形成全方位开放新格局。2013年12月,中央经济工作会议提出,推进"丝绸之路经济带"建设,抓紧制定战略规划,加强基础设施互联互通建设;建设"21世纪海上丝绸之路",加强海上通道互联互通建设,拉紧相互利益纽带。随后,2015年2月召开"推进'一带一路'建设工作会议",2015年3月28日国家发展改革委、外交部、商务部联合发布《推动共建丝绸之路经济带和21世纪海上丝绸之路的愿景与行动》,"一带一路"倡议逐渐进入大众视野。

1.1.1.2 "一带一路"倡议的时代背景

1. 维护世界和平与发展的需求

随着地缘政治环境日益复杂、政治交流日益密切,只有共建人类命运共同体,加强协作,增强政治互信,实现优势互补,才能在困难与挑战面前走得更远。共建"一带一路"符合国际社会的根本利益,彰显人类社会共同理想和美好追求,是国际合作以及全球治理新模式的积极探索,将为世界和平发展增添新的正能量。中国愿意在力所能及的范围内承担更多责任义务,为21世纪的国际合作带来新的发展,为人类和平发展作出更大的贡献。

2. 促进区域经济发展的需求

当今世界经贸格局动荡,全球经济复苏多舛,各国面临的发展问题十分严峻。共建"一带一路"秉持开放的区域合作精神,致力于维护全球自由贸易体系和开放型世界经济,旨在促进经济要素有序自由流动、资源高效配置和市场深度融合,推动共建各国实现经济政策协调,开展更大范围、更高水平、更深层次的区域合作,共同打造开放、包容、均衡、普惠的区域经济合作架构。改革开放40多年来中国经济与世界经济已高度关联。中国将一以贯之地坚持对外开放的基本国策,构建全方位开放新格局,深度融入世界经济体系。

3. 文化传播与交融发展的需求

文化的交流互鉴是实现长远发展和文明进步的强大动力。"一带一路"共建国家有着深厚的文化底蕴与历史内涵,有着自己独特的文化艺术风格与科技优势,这有利于文化的传播与交融。共建"一带一路"致力于构建全方位、多层次、复合型的互联互通网络,加强共建各国伙伴关系,传播中华文化新理念,实现互学共鉴、共同发展。

1.1.1.3 "一带一路"倡议的共建原则

恪守联合国宪章的宗旨和原则。遵守和平共处五项原则,即互相尊重主权和领土完整、互不侵犯、互不干涉内政、平等互利、和平共处。

坚持开放合作。共建"一带一路"国家基于但不限于古代丝绸之路的范围,各国和国际、地区组织均可参与,让共建成果惠及更广泛的区域。

坚持和谐包容。倡导文明宽容,尊重各国发展道路和模式的选择,加强不同文明之间的对话,求同存异、兼容并蓄、和平共处、共生共荣。

坚持市场运作。遵循市场规律和国际通行规则,充分发挥市场在资源配置中的决定性作用和各类企业的主体作用,同时发挥好政府的作用。

坚持互利共赢。兼顾各方利益和关切,寻求利益契合点和合作最大公约数,体现各方智慧和创意,各施所长,各尽所能,把各方优势和潜力充分发挥出来。

1.1.1.4 "一带一路"倡议的进展状况

"一带一路"倡议提出以来得到国际社会积极响应和广泛支持。10年来,"一带一路"建设以政策沟通、设施联通、贸易畅通、资金融通和民心相通的"五通"为主要内容扎实推进,从无到有,由点及面,取得了诸多实质性进展和可喜成绩。一批具有标志性的早期成果开始显现,参与各国得到了实实在在的好处,对共建"一带一路"的认同感和参与度不断增强。

首先,国内政策支撑体系、各级组织机构和统筹协调机制逐渐搭建并日益完善。为了有力推动"一带一路"建设,中央专门成立了"一带一路"建设工作领导小组,主要负责顶层设计和统筹协调;相关部委和省级政府层面也相继建立了自上而下的协调领导和推进落实机制以及各种各样的部门间协调机制;清华大学等多所高校和中国社会科学院等科研机构陆续建立了"一带一路"研究院(所),专门从事"一带一路"相关研究工作。2015年11月,全国31个省区市和新疆生产建设兵团基本完成"一带一路"建设实施方案衔接工作,进一步明确了各地区在"一带一路"建设中的比较优势和角色定位。

其次,国际合作机制和制度建设有序推进,初步形成了较为系统、全面的中外合作架构和制度保障体系。为了更好地为共建国家提供投融资支持,推动互联互通建设,丝路基金有限责任公司(以下简称"丝路基金")和亚洲基础设施投资银行相继成立。2016年11月,"一带一路"倡议首次写入联合国大会第A/71/9号决议,这不仅体现了国际社会对"一带一路"建设的普遍支持,也有利于为推进合作提供安全保障环境。2017年5月、2019年4月和2023年10月,中国连续举办三届"一带一路"国际合作高峰论坛,为各国共商合作大计、推动项目落实提供了重要平台。

最后,中国与共建国家各领域交流合作进展迅速,互联互通成果显著。10年来,共建"一带一路"专业领域对接合作有序推进,国际经济合作走廊和通道建设取得明显进展,基础设施互联互通、贸易与投资自由化便利化水平大幅提升,贸易方式和国际投融资模式创新进程加快,文化交流合作形式多样、成果丰富,国际产能合作和第三方市场合作稳步推进。

1. 政策沟通

政策沟通是共建"一带一路"的重要保障,是形成携手共建行动的重要先导。10年来,中国成功搭建了以高峰论坛为引领、以多双边合作机制为支撑的"一带一路"复合型国际合作架构,并在此框架下与有关国家和国际组织充分沟通协调,不断加强战略对接、规划对接、机制平台对接和项目对接,在凝聚共识、形成合力方面发挥了重大作用。

一是多边框架不断完善。与中国签署共建"一带一路"政府间合作文件的国家和国际组织数量逐年增加。

二是顶层设计不断深化。截至2023年底,中国已成功举办三届"一带一路"国际合作高峰论坛,"一带一路"建设迈向高质量发展阶段。

三是首脑外交发挥引领作用。中国率先推动"一带一路"政策沟通,通过大国外交促成共建国家的政策协调,不断增进政治互信,达成合作新共识,打造命运共同体。

四是政策实施成效显著。在共建"一带一路"框架下,各共建国和国际组织本着求同存异原则,就经济发展规划和政策进行充分交流,协商制定经济合作规划和措施。

五是专业领域合作有序推进。在数字丝绸之路建设、标准化、税收、知识产权、法治、能源、农业、国际商事等领域发布了多项倡议、行动计划与合作协议。

2. 设施联通

设施联通是共建"一带一路"的优先方向。在尊重相关国家主权和安全关切的基础上,由各国共同努力,以铁路、公路、航运、航空、管道、空间综合信息网络等为核心的全方位、多层次、复合型基础设施网络正在加快形成,区域间商品、资金、信息、技术等交易成本大大降低,有效促进了跨区域资源要素的有序流动和优化配置,实现了互利合作、共赢发展。

第一,国际经济合作走廊和通道建设取得明显进展。新亚欧大陆桥、中蒙俄、中国—中亚—西亚、中国—中南半岛、中巴和孟中印缅等六大国际经济合作走廊将亚洲经济圈与欧洲经济圈联系在一起,为建立和加强各国互联互通伙伴关系,构建高效畅通的亚欧大市场发挥了重要作用。

第二,基础设施互联互通水平大幅提升。"道路通,百业兴。"基础设施投入不足是发展中国家经济发展的瓶颈,加快设施联通建设是共建"一带一路"的关键领域和核心内容。铁路合作方面,以中老铁路、中泰铁路、匈塞铁路、雅万高铁等合作项目为重点的区际、洲际铁路网络建设取得重大进展,截至2023年9月,中欧班列已累计开行突破7.8万列;公路合作方面,中蒙俄、中吉乌、中俄(大连—新西伯利亚)、中越国际道路直达运输试运行活动先后成功举办,中国与15个共建国家签署了包括《上海合作组织成员国政府间国际道路运输便利化协定》在内的18个双多边国际运输便利化协定;港口合作方面,中国已与47个共建国家签署了38个双边和区域海运协定;航空运输方面,中国与128个国家和地区签署了双边政府间航空运输协定;除此之外,中国与"一带一路"共建国家签署了一系列合作框架协议和谅解备忘录,在电力、油气、核电、新能源、煤炭等领域开展了广泛合作,同时在通信设施建设方面取得明显进展。

3. 贸易畅通

贸易畅通是共建"一带一路"的重要内容。共建"一带一路"促进了共建国家贸易投资自由化便利化,降低了交易成本和营商成本,释放了发展潜力,进一步提升了各国参与经济全球化的广度和深度。

第一,贸易规模持续扩大,贸易便利化水平进一步提升。中国与共建国家服务贸易由小到大、稳步发展,已成为25个共建国家最大的贸易伙伴。截至2023年9月,中国海关已经与26个经济体52个国家或地区签署了"经认证的经营者"(AEO)互认安排,互认国家(地区)数量居全球首位。互认后货物将在通关中享受5类便利措施,可一定程度上降低企业的港口、物流等贸易成本,有力促进企业贸易安全顺畅,为扩大贸易和投资规模营造更加便利的营商环境。

第二,自由贸易试验区与自由贸易区建设取得重大突破。中国进一步放宽外资准入领域,营造高标准的国际营商环境,设立了面向全球开放的18个自由贸易试验区,并探索建设自由贸易港,吸引共建国家来华投资。中国平均关税水平从加入世界贸易组织时的15.3%降至目前的7.4%。中国与东盟、新加坡、巴基斯坦、格鲁吉亚等签署或升级了自由贸易协定,与欧亚经济联盟签署经贸合作协定,与共建国家的自由贸易区网络体系逐步形成。中国将充分利用自由贸易区作为商品集散中心的地位,进一步扩大与"一带一路"共建国家的出口贸易和转口贸易,从而提高其在全球贸易中的地位。

第三,贸易方式创新进程加快。跨境电子商务等新业态、新模式正成为推动贸易畅通的重要新生力量。2022年,通过中国海关跨境电子商务管理平台零售进出口商品总额达2.11万亿元,2021年中国举办的第四届国际进口博览会累计意向成交707.2亿美元,2022年第五届国际进口博览会累计意向成交735.2亿美元,2023年第六届国际进口博览会累计意向成交784.1亿美元。国际采购、投资促进、人文交流、开放合作的平台作用不断显现。"丝路电商"合作蓬勃兴起,中国已与23个国家建立双边电子商务合作机制,在金砖国家等多边机制下形成电子商务合作文件,加快了企业对接和品牌培育的实质性步伐。

4. 资金融通

资金融通是共建"一带一路"的重要支撑。国际多边金融机构以及各类商业银行不断探索创新投融资模式,积极拓宽多样化融资渠道,为共建"一带一路"提供稳定、透明、高质量的资金支持。

一是人民币国际化稳步推进,银行间常态化合作机制逐渐成熟。自2016年国际货币基金组织(IMF)将人民币作为第五种货币纳入特别提款权(SDR)货币篮子以来,人民币国际支付、投资、交易、储备功能稳步提高,国际化水平快速发展。据不完全统计,全球已有80多个央行或货币当局将人民币纳入外汇储备。截至2023年

9月，我国已累计与30个"一带一路"共建国家签署了双边本币互换协议，在17个"一带一路"共建国家建立了人民币清算安排。人民币将逐步发展成为全球关键货币之一。

二是多边金融合作支撑作用显现。2017年中国财政部与阿根廷、俄罗斯、印度尼西亚、英国、新加坡等27国财政部核准了《"一带一路"融资指导原则》，确立了金融资源服务于相关国家和地区的实体经济发展的原则，重点加大对基础设施互联互通、贸易投资、产能合作等领域的融资支持。目前中国与东盟、中东欧、阿拉伯国家、非洲等区域相继成立银联体，建立了多边金融合作机制。截至2023年10月，包括中国银行在内的44家国内外金融机构签署了《"一带一路"绿色投资原则》，以提升"一带一路"投资环境与社会风险管理水平，推动"一带一路"投资绿色化。

三是国际投融资模式多元化发展。共建"一带一路"基础设施建设和产能合作潜力巨大，融资缺口亟待弥补。第一，政策性银行和国有大型商业银行在资金融通方面发挥主力作用，截至2023年5月，进出口银行参与"一带一路"贷款余额超2.2万亿元。第二，各国主权基金和投资基金发挥越来越重要的作用。近年来，阿联酋阿布扎比投资局、中国投资有限责任公司等主权财富基金对共建国家主要新兴经济体投资规模显著增加。第三，各类创新金融产品不断推出，大大拓宽了共建"一带一路"的融资渠道。第四，新兴多边开发金融机构作用凸显，丝路基金已与印度尼西亚投资局签署投资框架协议，构建了长期互利共赢的战略伙伴关系，共同开发在印度尼西亚的投资合作机会。丝路基金有意向出资200亿元人民币或等值外币，有力促进了共建"一带一路"倡议。

5. 民心相通

民心相通是共建"一带一路"的人文基础。享受和平、安宁、富足，过上更加美好生活，是各国人民的共同梦想。10年来，各国开展了形式多样、领域广泛的公共外交和文化交流，增进了相互理解和认同，为共建"一带一路"奠定了坚实的民意基础。

一是文化交流形式多样。中国与共建国家互办艺术节、电影节、音乐节、文物展、图书展等活动，合作开展图书广播影视精品创作和互译互播。丝绸之路国际剧院、博物馆、艺术节、图书馆、美术馆联盟相继成立。中国与中东欧、东盟、俄罗斯、尼泊尔、希腊、埃及、南非等国家和地区共同举办文化年活动，形成了"丝路之旅""中非文化聚焦"等10余个文化交流品牌，打造了丝绸之路（敦煌）国际文化博览会、丝绸之路国际艺术节、海上丝绸之路国际艺术节等一批大型文化节会，在共建国家设立了17个中国文化中心。中国与印度尼西亚、缅甸、塞尔维亚、新加坡、沙特阿拉伯等国签订了文化遗产合作文件。中国、哈萨克斯坦、吉尔吉斯斯坦"丝绸之路：长安—天山廊道的路网"联合申遗成功。"一带一路"新闻合作联盟建设积极推进。丝绸之路共建国家民间组织合作网络成员已达352家，成为推动民间友好合作的重要平台。

二是教育培训和人才培养成果丰富。中国设立"丝绸之路"中国政府奖学金项目,与45个共建国家和地区签署高等教育学历学位互认协议。中国的香港特别行政区、澳门特别行政区分别设立共建"一带一路"相关奖学金。中国科学院在共建国家设立硕士、博士生奖学金和科技培训班。截至2023年6月,"一带一路"132个共建国家建立了313所孔子学院和315个孔子课堂,在培养语言人才、开展文化活动、推动民间交往方面发挥重要作用,成为推动"一带一路"建设的重要力量。

三是政党、智库"二轨"对华机制作用凸显。中国与共建国家通过政党、议会、智库、地方、民间、工商界、媒体、高校等"二轨"交往渠道,围绕共建"一带一路"开展形式多样的沟通、对话、交流、合作。中国与相关国家先后组建了"一带一路"智库合作联盟、丝路国际智库网络、高校智库联盟等。中外高校合作设立了"一带一路"研究中心、合作发展学院、联合培训中心等,为共建"一带一路"培养国际化人才。中外媒体加强交流合作,通过举办媒体论坛、合作拍片、联合采访等形式,提高了共建"一带一路"的国际传播能力,让国际社会及时了解共建"一带一路"相关信息。

四是旅游合作与体育交流活动丰富。中国与多个国家共同举办旅游年,创办丝绸之路旅游市场推广联盟、海上丝绸之路旅游推广联盟、"万里茶道"国际旅游联盟等旅游合作机制。截至2023年10月,"一带一路"共建国家中和中国互免普通护照签证的国家和地区有17个;单方面允许中国公民免签入境国家和地区有19个;单方面允许中国公民办理落地签证的国家和地区有40个。2022年2—3月,中国北京成功举办了第24届冬奥会和冬残奥会,与共建国家的冰雪运动交流得到了巨大发展。

五是疾控与医药合作进展顺利。自首届"一带一路"国际合作高峰论坛召开以来,中国与蒙古国、阿富汗等国,世界卫生组织等国际组织,比尔及梅琳达·盖茨基金会等非政府组织相继签署了56个推动卫生健康合作的协议,为深化全球卫生合作提供了诸多公共产品。从传染病防控、卫生援助,到人才培养、中医药推广,中国与"一带一路"共建国家的健康交流合作不断深化。中国针对"一带一路"共建国家人民最迫切需求开展送医送药等民生援助,实施了"光明行""爱心行""幸福泉""爱心包裹""幸福家园""太阳村""绿色使者计划",以及赴南太平洋岛国"送医上岛"、中巴急救走廊建设等一批医疗援助与合作项目。截至2023年8月,中国已与俄罗斯、泰国、匈牙利等国共建了30个中医药海外中心,建设了50个中医药国际合作基地。

1.1.2 "一带一路"共建国家的政治经济体分析

截至2023年6月底,中国与五大洲的150多个国家,30多个国际组织签署了

200多份共建"一带一路"合作文件。"一带一路"是世界上跨度最长的经济大走廊,贯通东亚、中亚、东南亚、南亚、西亚及至欧洲部分区域,主要涉及65个国家(不包括中国),经济总量约21万亿美元,占全球经济总量的29%。我们首先聚焦共建国家的综合状况,以此来了解"一带一路"共建国家基本发展情况。部分"一带一路"共建国家与地区分布见表1-1。

表1-1 部分"一带一路"共建国家与地区分布

区域	国家
东亚(1国)	蒙古国
中亚(5国)	哈萨克斯坦、吉尔吉斯斯坦、土库曼斯坦、乌兹别克斯坦、塔吉克斯坦
东南亚(11国)	新加坡、泰国、越南、马来西亚、印度尼西亚、柬埔寨、菲律宾、缅甸、老挝、文莱、东帝汶
南亚(8国)	孟加拉国、不丹、印度、斯里兰卡、马尔代夫、巴基斯坦、尼泊尔、阿富汗
西亚北非(19国)	阿塞拜疆、亚美尼亚、格鲁吉亚、伊朗、以色列、土耳其、卡塔尔、也门、沙特阿拉伯、阿联酋、阿曼、科威特、伊拉克、约旦、黎巴嫩、巴林、叙利亚、巴勒斯坦、埃及
欧洲(21国)	波兰、捷克、保加利亚、匈牙利、塞尔维亚、罗马尼亚、斯洛伐克、拉脱维亚、立陶宛、斯洛文尼亚、爱沙尼亚、克罗地亚、阿尔巴尼亚、马其顿、波黑、黑山、乌克兰、俄罗斯、白俄罗斯、摩尔多瓦、塞浦路斯

"一带一路"倡议的提出,为的是打造共同发展繁荣的"命运共同体",而国家与社会的发展进步与人们不断改善的健康状况、不断提高的受教育水平,以及逐步提升的经济发展水平息息相关。借鉴联合国开发计划署(UNDP)创立的人类发展指数进行评估,结果如表1-2所示。就地区分布来看,65个国家社会总体发展水平显示出一定的差异性,如欧洲、西亚大多数国家有较高甚至很高的发展水平,东南亚、南亚、中亚、北非国家多数处于中等和较低的发展水平。

表1-2 部分"一带一路"共建国家的人类发展水平

等级	国家
极高的发展水平 (HDI 0.8以上)	新加坡、以色列、斯洛文尼亚、捷克、爱沙尼亚、阿联酋、立陶宛、波兰、拉脱维亚、斯洛伐克、匈牙利、沙特阿拉伯、巴林、克罗地亚、卡塔尔、阿根廷、文莱、黑山、罗马尼亚、哈萨克斯坦、俄罗斯、白俄罗斯、土耳其、保加利亚、阿曼、格鲁吉亚、马来西亚、科威特、塞尔维亚(30)
高等发展水平 (HDI 0.7~0.8)	阿尔巴尼亚、伊朗、斯里兰卡、波黑、乌克兰、泰国、亚美尼亚、北马其顿、中国、阿塞拜疆、摩尔多瓦、黎巴嫩、马尔代夫、蒙古国、约旦、乌兹别克斯坦、印度尼西亚、菲律宾、土库曼斯坦、巴勒斯坦、埃及(21)

续表

等级	国家
中等发展水平 (HDI 0.55 – 0.7)	吉尔吉斯斯坦、伊拉克、塔吉克斯坦、不丹、印度、孟加拉国、老挝、东帝汶、尼泊尔、柬埔寨、缅甸、叙利亚、巴基斯坦(13)
低等发展水平 (HDI 0.55 以下)	阿富汗、也门(2)

注：人类发展指数(简称 HDI)是用以衡量各个国家与地区的发展水平的指标,自 1990 年以来,每年发布一次。HDI 将经济指标与社会指标相结合,更加强调人文发展,而不仅仅是经济状况。它通过一些较为容易获得的数据和科学的计算方法,来全面稳定且客观地反映出不同国家和地区的问题。其三项基本指标为:预期寿命、教育水平、生活质量。

"一带一路"共建国家的经济发展概况

在"一带一路"共建国家内部,由于历史基础、资源禀赋、制度环境和发展阶段的差异,各国形成了不同的经济发展模式,在全球价值链中扮演着不同的角色,经济发展水平、发展活力和发展效率也呈现不同的特征。

1. "一带一路"共建国家经济发展不平衡

从经济发展总体水平(以 GDP 为标准)和人民收入水平(以人均 GNI 为标准)来看,中东欧、西亚地区的国家经济发展水平较高,且属于中高收入国家,这些国家资源富集,油气资源丰富;南亚、中亚南部以及东南亚部分地区经济发展水平偏低,且属于中低收入国家。

2. 伴随着全球产业转移,以新兴经济体为代表的部分共建国家逐渐展现出强劲的经济发展活力

受益于全球产业转移以及区域产业转移,一批国家展现出强劲的发展活力,成为新兴的活跃经济体。如东南亚国家依托良好的劳动力资源优势,通过深度参与全球生产分工,逐渐成为世界制造业的聚集地和世界经济最为活跃的地区;西亚部分国家随着世界能源价格回升,资源出口型国家的经济发展得到巩固。

3. "一带一路"共建国家的创新能力不强,经济发展效率有待提高

创新水平是体现一个国家经济发展实力与活力的重要指标,总体上,"一带一路"共建国家以发展中国家为主,创新水平不高。作为全球产业转移的受益者,东南亚国家承接的产业主要集中在劳动密集型产业和资本密集型产业,而技术和知识密集型产业偏少,且其自身也尚未形成较强的自主创新能力。在"一带一路"共建国家中,创新水平最高的国家是以色列、新加坡等发达国家,其次是以印度、越南等为代表的新兴国家。

4. 发展方式较为粗放,可持续发展面临严峻形势

"一带一路"共建国家劳动生产率普遍不高,经济发展方式比较粗放,能源、资

源消耗比重大，单位能效低，共建国家总体上还处于通过大规模的资源消耗和污染排放来推动经济增长的阶段，资源消耗和污染物排放依旧保持快速增长的势头，资源环境压力仍在不断加大。总体看，"一带一路"共建国家单位 GDP 能耗、原木消耗、水泥消费和二氧化碳排放高出世界平均水平的 50%，单位 GDP 钢材消耗、有色金属消耗、水资源消耗等是世界平均水平的两倍或两倍以上。

1.1.3 "一带一路"共建国家的历史文化及教育

丝绸之路是起始于古代中国，连接亚洲、非洲和欧洲的古代陆上商业贸易路线，最初的作用是运输古代中国出产的丝绸、瓷器等商品。从秦汉时期张骞"凿空"西域，使得古代的中华文明与贵霜文明、安息文明、罗马文明开始了水乳交融进程，到隋唐时期，安西都护府和北庭都护府有力保障了东来西往客商的安全和便利，再到明成祖朱棣命郑和七下西洋，将"海上丝绸之路"通达东非……历史的发展足迹，为国人留下一条联通世界的贸易、经济、政治、文化交流的大通道。

1877 年，德国地质地理学家李希霍芬在其著作《中国》一书中，把"从公元前 114 年至公元 127 年间，中国与中亚、中国与印度间以丝绸贸易为媒介的这条西域交通道路"命名为"丝绸之路"，这一名词很快被学术界和大众所接受，并正式运用。其后，德国历史学家赫尔曼在 20 世纪初出版的《中国与叙利亚之间的古代丝绸之路》一书中，根据新发现的文物考古资料，进一步把丝绸之路延伸到地中海西岸和小亚细亚，确定了丝绸之路的基本内涵，即它是中国古代经过中亚通往南亚、西亚以及欧洲、北非的陆上贸易交往的通道。

丝绸之路从运输方式上，主要分为陆上丝绸之路和海上丝绸之路。陆上丝绸之路，是西汉汉武帝派张骞出使西域开辟的，以首都长安（今西安）为起点，以罗马为终点，全长 6440 千米。这条路被认为是联结亚欧大陆的古代东西方文明的交会之路，而丝绸则是最具代表性的货物。海上丝绸之路，是指古代中国与世界其他地区进行经济文化交流交往的海上通道，最早开辟也始于秦汉时期。从广州、泉州、宁波、扬州等沿海城市出发，从南洋到阿拉伯海，甚至远达非洲东海岸。随着时代发展，丝绸之路成为古代中国与西方政治经济文化往来通道的统称。除了陆上丝绸之路和海上丝绸之路，还有北向蒙古高原，再西行天山北麓进入中亚的草原丝绸之路等。

千百年来，"一带一路"都是中华文明与异域文化联系的桥梁纽带，如今，这条大通道已成为全球经济、文化、教育等方面新的增长极。

1.1.3.1 "一带一路"共建国家高等教育发展程度

高等教育毛入学率（GER）的高低能够反映一个国家或地区高等教育大众化或普及化的程度。根据马丁·特罗（Martin Trow）的高等教育发展三阶段理论，15%

以下为精英教育阶段,15%–50%为大众化教育阶段,50%以上为普及化教育阶段。部分"一带一路"共建国家的高等教育大众化程度可以分为精英教育、大众化教育、普及化教育三种类型,见表1-3。

表1-3 部分"一带一路"共建国家高等教育毛入学率及其进程阶段类型

类型	国家
精英教育	也门10.2%*、阿富汗10.6%、巴基斯坦12.2%[2]、尼泊尔13.5%、老挝13.5%、柬埔寨14.7%[2]
大众化教育	土库曼斯坦15.6%、乌兹别克斯坦15.9%、伊拉克16%*、不丹16.4%、东帝汶17.8%*、缅甸18.8%[1]、卡塔尔20.8%、斯里兰卡21.6%、孟加拉国22.8%、越南28.6%[2]、印度29.4%、塔吉克斯坦31.3%*、文莱32%、约旦33.6%、马尔代夫34.1%[2]、阿塞拜疆35.2%、菲律宾35.5%*、印度尼西亚36.3%[1]、埃及38.9%[1]、波黑37.9%、叙利亚43%[2]、马来西亚43.1%[2]、北马其顿43.1%[1]、阿曼45.5%、巴勒斯坦45.5%*、斯洛伐克46.4%[2]、吉尔吉斯斯坦46.5%、黎巴嫩47.9%*、泰国49.3%*
普及化教育	亚美尼亚50.8%、罗马尼亚51.4%[2]、匈牙利52.4%[2]、阿联酋53.7%、黑山55.5%、阿尔巴尼亚57.8%、摩尔多瓦58%、伊朗58.2%、巴林60.3%、以色列60.3%[2]、科威特61.1%、捷克65.6%[2]、格鲁吉亚66.7%、克罗地亚67.7%[2]、塞尔维亚68.1%、蒙古国68.8%[2]、波兰69.2%[2]、沙特阿拉伯70.6%、哈萨克斯坦70.7%、立陶宛72%[2]、保加利亚73.4%[2]、爱沙尼亚74.2%[2]、斯洛文尼亚77.9%[2]、乌克兰82.7%*、俄罗斯86.4%[2]、白俄罗斯86.6%、塞浦路斯88.5%[2]、新加坡91.1%[2]、拉脱维亚94.9%[2]、土耳其115%[2]

注:表中数据来自世界银行数据库2000—2020年的统计数据,其中伊拉克、巴勒斯坦、黎巴嫩3国数据缺失,引用了参考文献[6]中的数据。因为不是所有的国家都有每年持续同步更新的数据,因此表中用上标"*"表示2017年及以前的数据,其中伊拉克为2005年、东帝汶为2010年、也门为2011年、巴勒斯坦和黎巴嫩为2013年、乌克兰为2014年、泰国为2016年、塔吉克斯坦和菲律宾为2017年;用上标符号"1""2"则分别表示2018年和2019年的数据。

精英教育国家有6个,占该部分"一带一路"共建国家总数不到10%,主要是低收入的贫穷国家(也门、阿富汗)和中等偏下收入的发展中国家,这些国家的高等教育毛入学率平均水平远低于世界平均值(40.2%)。一方面落后的经济阻碍了高等教育的发展;另一方面受宗教观念及战争影响,其高等教育在发展过程中存在许多问题,缺乏办学经费、师资力量薄弱、高校规模与数量较小等。

大众化教育国家有29个,占该部分"一带一路"共建国家总数约45%,主要集中在中等收入的发展中国家,高等教育毛入学率平均为40%,非常接近世界平均水平。这些国家的经济发展总体水平高于精英教育国家,政府也更为重视高等教育的发展。以马来西亚为例,政府一方面将大约30%的发展预算用于高等教育,并采用企业化的管理方式,节约财政开支,提高行政效率;另一方面大力发展较为开放的私立高等教育,吸引外国学生。

普及化教育国家有30个,占该部分"一带一路"共建国家总数约45%,主要是一些高收入的发达国家与新兴经济体国家,其中最高的是土耳其(115%)。根据联合国教科文组织(UNESCO)对高等教育毛入学率的解释,数值超过100%意味着一国的高等教育理论上能够容纳全部的学龄人口。至于为何作为一个中等偏下收入国家的高等教育普及化程度如此之高,尚待我们进行研究。高等教育毛入学率排在前10名的除新加坡外均为欧洲国家。这些国家高等教育毛入学率高的原因主要在于其经济的快速发展与政府对高等教育的重视。欧洲国家在20世纪60年代以后经济发展很快,并且随着生产设备的不断更新,各国需要更多的受过良好教育的劳动者,以适应生产的发展。因此,相关国家的政府都对高等教育进行了相应改革,高等教育入学人数倍增,高校规模与数量也随之增长。此外,欧洲国家普遍是福利性国家,教育一直被视为公共产品和政府责任,因此高等教育长期实施免费上学政策,重视对公立高校的经费投入也促进了高等教育入学人数的增加及高校规模与数量的发展。新加坡高等教育的发展也与经济的快速发展密不可分,特别是在20世纪70年代以后,随着产业结构的不断调整(从轻工业结构向重工业转变),对高级技术人才的需求急剧增加直接推动了高等教育的发展。20世纪80年代中期以前政府一直推行英才教育政策,而随着经济快速发展期的到来,新加坡政府通过教育政策的调整,扩大了高等学校的招生规模。这一观念和政策的转变使新加坡高等教育步入一个快速发展的时期,高等教育规模迅速扩大,学生数量急剧增加。

1.1.3.2 "一带一路"共建国家高等教育发展质量

"一带一路"共建国家历史悠久,文化丰富,并不是荒蛮之地。人类历史上的重要文明、主要宗教和具有影响力的大国,绝大部分诞生在"一带一路"。目前,除个别国家由于长期战乱等因素影响外,共建国家教育整体发展水平并不低。无论义务教育普及程度、25岁以上人口平均受教育年限,还是高等教育毛入学率等,共建国家在全球统计中都处于比较高的水平。

具体分析,新亚欧大陆桥经济走廊沿线主要为前社会主义国家,教育总体发展水平较高,高等教育整体进入了普及化阶段,但是高等学校竞争力不强。根据2022年QS(英国教育组织Quacquarelli Symonds)全球大学排名,该地区高等学校综合排名进入全球前200名的只有莫斯科国立大学(排第78位)。在中亚西亚经济走廊沿线,教育发展差距较大。其中,海湾地区高等教育近年发展较快,水平较高,以色列、沙特阿拉伯和阿联酋部分高校竞争力上升较快。部分战乱地区,如叙利亚和也门,教育则出现了严重倒退。在东南亚和南亚地区,教育发展不太均衡。少部分国家仍处于高等教育精英化阶段,如柬埔寨、老挝;绝大部分国家刚刚迈入高等教育大众化阶段,发展潜力巨大。少数国家如新加坡、马来西亚,部分高校在全球非常具有竞争力。如新加坡国立大学和南洋理工大学,2022年全球QS排名分别为第11位和第12位,是"一带一路"共建国家中最具竞争力的大学。见表1-4。

表 1-4　部分"一带一路"共建国家进入 2022 年 QS 大学排行榜情况

国家	QS 大学排行榜入榜情况	国家	QS 大学排行榜入榜情况
巴林	2(591-1000)	埃及	13(1 所 500 内)
孟加拉国	4(801-1200)	白俄罗斯	3(1 所 300 内)
文莱	2(1 所 250,1 所 344)	波黑	1(1201+)
印度	35(6 所 300 内)	保加利亚	1(591-600)
印度尼西亚	16(2 所 300 内)	克罗地亚	4(751+)
伊朗	6(2 所 500 内)	捷克	15(1 所 300 内,3 所 500 内)
伊拉克	5(801+)	爱沙尼亚	3(1 所 300 内)
以色列	6(2 所 300 内,5 所 500 内)	匈牙利	9(551-1200)
约旦	8(601+)	拉脱维亚	3(751-1200)
哈萨克斯坦	14(1 所 300 内,3 所 500 内)	立陶宛	4(1 所 500 内)
科威特	3(751-1200)	波兰	19(2 所 500 内)
黎巴嫩	8(1 所 300 内)	罗马尼亚	11(1001+)
马来西亚	22(5 所 300 内)	俄罗斯	48(6 所 300 内)
阿曼	1(368)	塞尔维亚	4(1001+)
巴基斯坦	11(3 所 500 内)	斯洛伐克	6(601-1200)
巴勒斯坦	3(1001+)	斯洛文尼亚	2(591-1000)
菲律宾	4(1 所 500 内)	乌克兰	8(511-1200)
卡塔尔	1(224)	塞浦路斯	1(440)
沙特阿拉伯	14(3 所 300 内)	亚美尼亚	1(801-1000)
斯里兰卡	2(1001-1200)	阿塞拜疆	2(1001-1200)
叙利亚	1(1201+)	格鲁吉亚	1(571-580)
阿联酋	10(2 所 300 内)	新加坡	3(2 所前 12)
越南	4(801+)	土耳其	21(均 501+)
泰国	10(2 所 300 内)	—	—

从"一带一路"共建国家大学进入 QS 排行榜情况可以看出,整体上高等教育竞争力不强,办学质量偏低。2022 年进入榜单 300 名以内的大学仅有 31 所,且分布不均,主要集中在高等教育强国,且 40% 集中在 200-300 名之间。其中,东帝汶、柬埔寨、缅甸、阿富汗、不丹、马尔代夫、尼泊尔、也门、阿尔巴尼亚、北马其顿、黑山、摩尔多瓦、蒙古国、中亚除哈萨克斯坦的其余 4 国共 17 个国家无一所高校上榜。

1.1.3.3　部分"一带一路"共建国家高等教育的发展成果

《推进共建"一带一路"教育行动》印发后,我国教育部紧紧抓住教育在"一带一路"建设大局中"促进民心相通,提供人才支撑"的定位,携手部内各司局、有关部委、地方共同推进,在文件提出与沿线各国开展三方面重点合作,对接共建各国意愿方面收获了先期成果。

1. 人才培养方面

推进"一带一路"建设离不开国际化复合型专业人才。2013年以来,中国在政策和经济上大力支持,全国高校积极将自身优势与"一带一路"建设相结合,调整人才培养方案,深化课程教学改革,强调学用一体、产教融合。第一,开设非通用语言专业和复合型外语翻译专业的院校数量逐渐增加,为中国和世界的相互理解提供知识供给。第二,工程教育质量获得国际认可,提升了工程人才的国际竞争力。第三,国际汉语教育专业在国内外发展迅速,有利于对外文化交流和传播,提升中国文化软实力。第四,开展国际组织人才培养学科和项目建设,加强和国际组织合作,促进知识共享,推动中国教育以更加开放自信主动的姿态走向世界舞台。

实施"丝绸之路"留学推进计划,培育"留学中国"品牌,注重来华留学高端人才培养,设立卓越奖学金项目,培养发展中国家青年精英和未来领导者。设立"丝绸之路"中国政府奖学金项目,每年向共建国家额外提供总数不少于3000个奖学金新生名额。优化来华留学政策法规环境,构建完整的来华留学政策链条,新出台了《学校招收和培养国际学生管理规定》等文件,大幅提升政府奖学金学历生比例(已达90%),加强来华留学质量建设,建立质量标准体制和质量保障机制,推动品牌专业和品牌课程建设不断升级。

实施"丝绸之路"合作办学推进计划。一是中外合作办学水平稳步提升,已进入"提质增效、服务大局、增强能力"阶段。截至2022年10月,经审批的各类中外合作办学共有2379个,其中,本科以上层次项目和机构1254个,专科层次项目和机构1125个。推动了一批示范性高水平中外合作办学项目,包括深圳北理莫斯科大学、浙江大学爱丁堡大学联合学院等15个中外合作办学机构,57个合作办学项目。二是境外办学稳妥推进。据不完全统计,我国高校已在境外举办了128个办学机构和项目,大多分布在共建"一带一路"国家。

2. 国际合作方面

加强政策沟通,先后与58个国家和地区签订了学历学位互认协议。其中,共建"一带一路"国家24个,包括中东欧8国(波兰、立陶宛、爱沙尼亚、拉脱维亚、匈牙利、罗马尼亚、保加利亚、捷克);东南亚5国(泰国、越南、菲律宾、马来西亚、印度尼西亚);中亚5国(哈萨克斯坦、土库曼斯坦、吉尔吉斯斯坦、乌兹别克斯坦、亚美尼亚);独联体3国(俄罗斯、乌克兰、白俄罗斯);南亚1国(斯里兰卡);东亚1国(蒙古国);北非1国(埃及)。

助力教育合作渠道畅通。根据中央部署,教育部和中央外办等部门合作起草并由中共中央办公厅、国务院办公厅转发了《关于加强和改进教学科研人员因公临时出国管理工作的指导意见》,为广大教学科研人员扩大和深化国际学术交流提供了政策支持,得到了广泛欢迎和肯定。

促进共建国家语言互通。我国教育部国际合作与交流司与北京外国语大学签署合作协议,支持该校通过引进国外师资、公派留学、与国外高校开展合作等多种方式,使该校开设的外国语言专业在2018年达到94种,实现外语专业设置全覆盖。

组织开展国别和区域研究,全面加强对共建国家经济、政治、教育、文化等各方面的了解和理解,为推进民心相通提供智力支撑。一是设立专项课题,涉及"一带一路"的46个共建国家;二是设立"一带一路"共建国家研究智库报告课题,形成系列智库报告。

推动学历学位互认标准的出台,落实联合国教科文组织《亚洲及太平洋地区承认高等教育资历公约》,协调世界银行编写了关于国际教育趋势及经验的政策建议,由我国牵头组织制定了《亚太经合组织教育战略》《中国落实2030年可持续发展议程国别方案》。

3. 制度建设方面

高等教育国际合作机制不断完善,共建丝路合作机制得以推进。中国和合作国(组织)立足于各国国情和需求,精准定位,互利共赢,制定了"容克计划""琥珀之路"等多样化的发展战略。除各国政府、国际组织间合作外,地方政府和高校也积极推动国际学术文化、科学研究和教育服务的深入交流融合。

例如,在加强"丝绸之路"人文交流高层磋商方面,2016年通过包括中俄、中印尼在内的六大人文交流高层磋商机制,共签署86项合作协议,取得400余项成果,为我国外交健康发展进一步夯实了社会与民意基础,教育国际合作在人文交流机制平台上得到实质性推进。在实施"丝绸之路"教育援助计划方面,开展了"中非高校20+20合作计划"教育援外行动,在中非各选择20所高校开展一对一长期稳定合作,鼓励合作双方在各自优势学科、特色学科领域开展实质性合作与交流,包括合作科研、教师培训、学术交流、师生互访、共同开发课程、联合培养研究生等。

1.1.3.4 "一带一路"共建国家高等教育面临的机遇与挑战

在目前地缘政治冲突加剧、一些国家经济衰退及政策调整等大环境下,未来"一带一路"共建国家高等教育的高质量发展面临着机遇与挑战。

1. 高等教育面临的机遇

"一带一路"倡议提出后,高等教育的国际化进程加快,共建国家将进一步共享高等教育发展的历史性机遇。一是随着一些具体政策措施(如奖学金制度)的不断推出和完善,共建国家来华留学人数和比例将大幅增加;二是中国与共建国家的短期学术交流将进一步增加,形成留学与访学、联合培养、合作研究等交错呼应的高等教育国际化合作体系;三是面向全球开放核心课程;四是国际化合作项目数量大幅增加,并有望在合作学位授予、合作分校等深度合作方面取得新的进展。

总体上说,通过留学、访学和课程平台等途径,共建国家在未来将可极大程度参与中国高等教育进程,为本国高等教育发展注入新的动力。而共建"一带一路"的这种开放共享与传统欧美国家基于高跨国流动成本和低人才回国率的教育国际化策略完全不同,将真正帮助共建国家提供人才培养的良好土壤,实现人才造血功能。

2. 高等教育面临的挑战

其一,"一带一路"部分共建国家由于经济社会发展水平欠佳,高等教育发展基础薄弱,面临着学术人才流失的问题。这反过来又进一步削弱了本国创新发展的人才基础,客观上形成了经济社会发展与学术人才流失的恶性循环。"一带一路"倡议提出后这些问题仍然存在。我们应对此予以高度重视,进一步明晰"一带一路"倡议的共享发展理念,在框架构建和制度政策设计过程中对这些国家予以充分考虑。也可借鉴一些发达国家的经验,比如英国在医疗卫生领域有一项基本政策,即为了保护世界最落后国家的人才,拒绝招收其国家的医护人员。

其二,部分共建国家对"一带一路"高等教育合作仍持观望态度,参与积极性不高;部分国家跟进的意愿、能力和速度仍然不足,合作仍停留在签订协议、举办活动等浅层水平,实质性内容较少,中外高等教育合作的黏性不够。对此问题,我们应在继续提高本土高等教育竞争力的同时,推动形成涵盖所有"一带一路"共建国家的学历学位互认体系,实现人才培养标准的基本统一和所培养人才在区域内的自由流动,也应通过协议签订切实打造立体式合作的高等教育国际化政策与制度体系,扩大教育合作规模、深化教育合作强度、增强教育合作保障、形成教育合作惯性。

3. 中国与"一带一路"共建国家的高等教育合作

"一带一路"倡议提出以来,中国与共建国家高等教育联系日渐紧密。在高等教育政策合作方面,中国已与多个共建国家签署学历学位互认协议和其他高等教育交流合作协议,涉及教师流动、研究合作等关键议题。在交流合作机制方面,中国与共建国家已经初步构建起双边合作、区域合作、多边合作的立体式合作交流机制。在来华留学方面,共建国家来华留学生规模逐年增大并保持较高增速。在中外合作办学方面,共建国家正成为全球中外合作办学增速最快的区域之一。在奖学金设定方面,中国已经设立形成内容丰富、形式多样、高吸引力的来华留学生奖学金制度体系。在民心相通方面,中国与共建国家友好城市缔结迅速增多、孔子学院与孔子课堂设置大幅增加、中外民众对于共建"一带一路"期待水平较高。

当前阶段,中国在共建"一带一路"中外高等教育合作方面应做好以下几点:

一是进一步加大教育开放力度,打造并形成地区性高等教育国际化新系统。开放既符合中国高等教育国际化发展的阶段性特征,也符合全球科学中心转移、构建高等教育国际化强国的基本历史规律。面向共建"一带一路"加大教育改革和开放力度,将在助力中国"双一流"大学建设目标达成的同时,推动全球高等教育格局的转变,打造形成地区性高等教育中心,形成新的地区高等教育秩序,构建新的区域性教育与劳动力市场,这也将是中国高等教育由大到强的迈进,由跟跑、并跑到领跑的关键步骤。

二是进一步提高国际化质量,形成高等教育国际化品牌。当前全球高等教育国际化竞争激烈,"一带一路"倡议为高等教育国际化从数量到质量的转型提供了关键契机。下一阶段中国的高等教育国际化布局,应转变理念和心态,应从粗放式发展理念,逐步向提高高等教育国际化声誉、吸引高质量留学生来华、按照市场规律办事等精致化方向转变,应从追求与"一带一路"共建国家的高等教育合作协议签署数量、中外合作办学机构数量、孔子学院数量等数量型指标,逐步向追求全方位、高质量、深层次高等教育国际化合作转变,应从学习欧美、学习东亚等传统的"学习型"高等教育国际化发展思维,逐步加强教育和文化自信,不断探索形成符合共建"一带一路"实际的新的高等教育公共产品和运行模式,应着力打造"留学中国"等品牌标签,形成对共建"一带一路"国家高等教育国际化发展的内生号召力。

三是进一步增强高等教育服务"一带一路"建设的意识和能力。应进一步开展高等教育与"一带一路"建设的关系研究,应通过有效举措提高高等教育服务"一带一路"建设的意识和能力。应增强服务理念,注意分析高等教育与"一带一路""民心相通"的内在联系,同时也注意研究高等教育与其他"四通"之间的内在联系,加强高等教育在"一带一路"建设中的人才、科技、创新、情感等支持,加强"一带一路"各项高等教育需求测算(如重大基础设施人才需求测算),提升高等教育面向"一带一路"走出去的勇气和能力,形成高等教育与"一带一路"有机契合的新的发展格局。

1.2 "一带一路"教育国际交流与合作的需求分析

▲ 1.2.1 历史文化的交流与文明互鉴需求

推进"一带一路"建设为中外文化交流合作提供了新的机遇,通过文化交流互鉴,更有利于各国人民相知相交、和平友好,更有利于促进区域合作、实现共同发展,更有利于推动中华文化繁荣发展乃至走向世界。

文化交流可以促进民心相通。"一带一路"共建国家民族和宗教众多,政治立场、利益诉求、行为模式都存在巨大差别。国之交在于民相亲,民相亲在于心相通,而实现民心相通,首要而有效的手段就是文化交流。要发挥文化超越时空、超越国界的影响力,发挥文化交流的向导力、融合力、创造力、想象力、感染力,可以通过全面反映"一带一路"共建国家的历史文化、政治现状及利益诉求,从而消除偏见、化解歧见、增进共识,以奠定坚实的民意基础和社会基础。

文化交流可以保障合作共赢。要充分发挥文化的桥梁作用和引领作用,充分发挥文化交流潜移默化、润物细无声的民心工程作用,加强各国、各领域、各阶层、各宗教信仰的交流交往,并使之成为政治、经贸、军事、社会等各领域交流与合作的"润滑剂""催化剂",促进共建国家共同发展、合作共赢。

文化交流可以开拓贸易市场。以往中国的对外文化贸易主要面向欧美和日韩等发达国家,而这些国家本身的文化产业水平都比较高,文化输出能力强,加上其固有的文化偏好,中国存在严重的贸易逆差。而"一带一路"倡议涵盖了中亚、南亚和东南亚大部地区,也向西亚、欧洲和非洲延伸,这两大区域国家众多,且许多是发展中国家,这为中国未来的文化贸易开启了一个新的广阔天地。同时,因地缘的关系这些国家的文化与中国文化有着天然的联系,他们是中国今后开展对外文化贸易的良好合作伙伴。再者,这两大区域也是不同文明的交汇之所,既包括历史悠久的大陆文明,也包含开拓创新的海上文明,中国作为同时富有这两种文化资源的文明大国,应充分发掘,从而形成一批具有传统特色和现代感的文化作品。

文化交流可以传播中国文化。中国欧盟协会会长刘奇葆同志指出,"丝绸之路上的驼队、郑和下西洋的宝船,带出去的不仅有精美的丝绸和瓷器,更有灿烂的中华文化。"共建"一带一路"倡议与弘扬传统文化是无法分割的。首先,"一带一路"倡议本身就是中国优秀传统文化在当代的唤醒和延续,它所承载的历史使命、所蕴含的精神理想与融合中西文化、广纳八方精华的汉唐风度是一脉相承的。通过共建"一带一路",世界将感受到更加立体、鲜活、充满历史底蕴又与时代同步的中国传统文化。其次,"一带一路"倡议体现了我国崇和向善的传统文化。如今,中国将自身发展与亚洲的兴衰荣辱紧密连接在一起,从"同舟共济"到"亲、诚、惠、容",中国道路越走越明晰,传统文化作为我们的底色随着国家的发展也不断得到彰显。

文化交流可以提升中国形象。"一带一路"倡议借用古丝路历史资源与共建各国发展合作伙伴关系,旨在共同打造政治互信、经济融合、文化包容的利益共同体、责任共同体和命运共同体。这就要求我国能够换位思考,通过中华文化对外交流互鉴,促进各国人民相逢相知、互信互敬,以"中国智慧"丰富人类文明,主动塑造好文明大国的整体形象,让"一带一路"倡议更加体现中国发展的包容性、普惠性、共享性,进而提高我国在国际社会的影响力和亲和力。

1.2.2 国际化人才需求分析

"一带一路"共建国家众多,空间辽阔,国情民意复杂,合作领域广,因而迫切需要大批专业素质高、通晓国际规则、掌握多国语言的国际化人才。截至 2023 年

6月,中国已经同150多个国家和30多个国际组织签署了200多份共建"一带一路"合作文件,涉及上百种语言,其中非通用语种人才愈发紧缺。在纵深推进合作的过程中,以政策沟通、设施联通、贸易畅通、资金融通、民心相通的"五通"为重点,已构成我国全方位对外开放的新格局,包括经济、政治、文化、生态等多个领域,需要金融领军型、高端技术型和人文交流型等不同类型的国际人才。地区之间、国家之间的人才需求也不尽相同,如非洲和拉美地区可能更需要建筑专业人才,亚洲可能更需要交通运输人才,而通用的财务、法律、外语、经济、计算机的人才在各投资项目上的需求都有所上升。

从相关企业的视角来看,国际化、复合型人才需求已成为其扩大发展的瓶颈之一。国际化人才应当拥有国际化视野,通晓国际市场规则,掌握国际商务语言,具备国际化领导力;复合型人才不仅要精通专业领域知识,还要深谙本国国情、熟悉当地人文,具备跨文化的沟通能力和创新实践能力。根据领英发布的《"一带一路"人才白皮书》,66%的企业表示难以找到高级别的人才,40%的企业在寻找特殊技能人才上受阻。对于我国的企业来说,海外投资正处于发展阶段,对国际市场还需要进一步熟悉,同时复合型、国际化人才严重匮乏,这些因素一定程度上阻碍了"一带一路"高质量建设的推进。

1.2.2.1 国际化人才的内涵

国际化人才是20世纪90年代伴随着经济全球化发展而来的,目前政策制定者、专业智库、企业实践工作者、高校对于国际化人才的内涵分析多种多样。《国家中长期教育改革和发展规划纲要(2010—2020年)》提出,开展多层次、宽领域的教育交流与合作,提高我国教育国际化水平。借鉴国际上先进的教育理念和教育经验,促进我国教育改革发展,提升我国教育的国际地位、影响力和竞争力。适应国家经济社会对外开放的要求,培养大批具有国际视野、通晓国际规则、能够参与国际事务和国际竞争的国际化人才。可见,此文件中对我国国际化人才需具备的基本要素进行了清晰界定。

1. 全球化思维

1981年,美国通用电气公司董事长兼首席执行官杰克·韦尔奇首次提出了全球化思维这一概念,其核心思想包含两个方面:在总体战略上,要把全世界作为制定决策的参照系,整合全球资源实现利益最大化。在具体执行上,应当充分意识到不同社会文化形态之间存在的差异,通过采取本土化策略避免或减少可能产生的文化冲突。尽管全球化思维始于经济领域,但其影响很快扩展到政治、文化等社会的方方面面。国际化人才要具有全球视野和在多元文化背景下工作的能力,学会理解、包容和沟通,克服文化差异可能给国际合作带来的负面影响,并努力将其转变为创新发展的驱动力。

2. 多语言及跨文化交际能力

外语能力与跨文化交际能力既有联系又不能混为一谈。语言能力指的是听、说、读、写、译等内容；交际能力包括语篇、策略和社会语言学等语用能力，能够对不同文化的理解能力，对所接受的文化信息进行理性评价的能力，整合新文化信息与已知知识的扬弃贯通能力。这些能力的综合就是跨文化交际能力。跨文化交际能力包括思想、情感和行为举止3个方面，具体就是指能理解外国人及其立场，在与外国人交往中自我感觉良好，适应另一种文化的能力。

跨文化交际能力的形成大致需要经历"了解""融入""传播"和"融合"4个阶段，其中"了解"是知识技能的储备，其他3个阶段属于实践范畴。知行合一是获得跨文化交际能力的基本路径，多元文化背景下的生活、学习和工作经历对于获得跨文化能力至关重要。

3. 信息技术运用能力

信息技术的突飞猛进是经济全球化的重要前提条件。随着计算机、互联网技术的飞速发展，信息可以在全球范围内迅速传输，使得全球化背景下的国际合作超越了时空限制。更重要的是，基于计算机和互联网技术的大数据、云计算、人工智能正在不断催生新产业、新业态，并深刻改变着传统经济领域及其运行模式，标志着新一轮工业革命的到来。在此背景下，国际化人才必须具备良好的计算机和互联网应用能力，能够使用办公软件和其他与职业有关的专业软件。

4. 团队合作与领导力

现代社会的一个重要特征就是人类活动呈现日益复杂化倾向，高技术产品的生产和科学技术的研发过程尤为如此。总体来讲，一个人包揽一切的工匠式生产和独行侠式的科学全才已经不复存在，取而代之的是不同层级组织构架下的团队合作。

团队合作的优势在于团队效能和创新能力。优秀的团队应该具有凝聚力、协调力、合作力、低程度的争议和高程度的满意度，并由此获得较高的团队效能。团队创新并不是团队所有成员创新的总和，团队创新的程度和成果是要高于个人创新。团队的创新力是在成员交互中产生的：个人的创新力在于提供初始的想法和点子，团队互动和工作流程决定了如何把这些初始的想法变为团队创新力。团队中必须涌现出具有领导力的成员，统筹协调工作流程，充分发挥团队合作优势。

5. 基础理论与专业知识技能

尽管国际工程人才属于应用型人才，但扎实的基础理论知识不可或缺，因为它一方面可以支撑专业知识的学习，另一方面还可以为工程实践提供科学的方法论。不仅如此，国际工程人才还要有全面、系统、前沿的专业知识技能，并取得国际专业资格认证。此外，国际工程师必须具备娴熟的实践动手能力和岗位操作技能，熟悉行业的国际标准和规范，掌握相关国际通用生产工艺、生产流程、装备技术、管理体系、管理模式,因为每位被派遣到国外工作的技术人员都肩负着解决实际工程问题的任务和使命。

1.2.2.2 "一带一路"倡议所需人才类型与特征

1. 政策沟通需要全球领导型国际化人才

政策沟通是"一带一路"建设的重要保障,是共建国家合作的前提和基础,是政府间友好交流、增进互信、达成共识的重要途径,是实现合作共赢的关键。然而,随着全球化深入,国际谈判与合作越来越多,涉外业务日益繁忙,迫切需要全球领导型国际化人才,这样才能保证"一带一路"倡议的顺利实施。因此,政策沟通方面所需国际化人才主要是高层次领导型人才为主,涉及外交、高访、区域合作规划对接等方面的具体事务,需要大量的懂多国语言、善于外交谈判、深知具体专业领域业务的国际化高素质人才。

2. 设施联通需要高端技术型国际化人才

基础设施互联互通是"一带一路"建设的优先领域。设施联通需要技术型、创新型、懂经营管理等的工程技术类国际化人才。共建国家将在航空、高铁、航海、输气管道、跨境光缆等方面扩大合作,逐步形成连接亚洲各次区域以及亚、欧、非之间的基础设施网络。以土木工程师、交通工程师、信息工程师、机械工程师等为代表的技能型、创新型、高精尖型人才将是促进设施联通建设的主干力量。目前,国内在这方面的人才储备难以满足日益产业升级、经济转型的需求。熟练掌握外语,懂外派出国的法律、政治、民俗、建设标准的高精尖人才,则是更加稀少。"一带一路"倡议的实施,最终都得靠具体项目加以支撑,因此,国际化高精尖人才可提高设施建设的质量和效果,是展现我大国风采、取信于共建国家的基石。

3. 贸易畅通需要创新创业型国际化人才

投资贸易合作是"一带一路"建设的重点内容,共建国家将努力推动世界贸易组织《贸易便利化协定》生效和实施。贸易畅通主要需要懂经济产业、会经营管理、有国际企业工作经历等的国际化人才。推进海洋生物制药、海洋工程技术、核电、太阳能、新材料等产业合作,加快企业"走出去"和"引进来",鼓励合作建设境外经贸合作区,促进产业集群发展等,每一项贸易合作,都对国际化经济、贸易人才提出较高要求。调查发现,63%的"走出去"企业中高层管理人员认为国际人才短缺是影响企业"走出去"效益的主要因素,而且,随着"一带一路"倡议构想的推进,国际化人才不足将成为我国企业开展对外投资、扩大国际化经营规模、提高国际化管理水平的主要制约因素。在经济转型和优质产能合作的背景下,更需要大批国际创新创业人才,到"一带一路"共建国家创业,促进当地就业。

4. 资金融通需要金融领军型国际化人才

资金融通是"一带一路"建设的重要支撑。中国金融人才市场需求非常旺盛,因此，国际化金融领域迫切需要能够充当领军人物的高级管理人才、高级专业人才、高级金融服务人才、高素质的金融业领导人才。推进"一带一路"中金融领域合作与发展，关键问题不再是国际金融机构应如何适应我国国情，更不是我国政府应如何保护中国金融业，而应是中国金融行业如何以更为积极的态度适应国际竞争规则。如何才能在这样的国际竞争中立于不败之地，保持中国经济金融平衡健康地运行和发展，是资金融通面临的、关系共建国家经济兴衰的全局性战略问题。金融业的竞争实质上是金融人才的竞争，金融人才的竞争实质上是处于核心层次、核心岗位的高层次、国际化金融人才的竞争。中国主导的亚洲基础设施投资银行已有50多个国家加入，涉及国家多，资金链复杂，未来亚洲基础设施投资银行的运行与管理，必然需要大量高层次国际化金融人才。

5. 民心相通需要人文交流型国际化人才

民心相通是"一带一路"建设的人文基础。民心相通，说到底是民族理解的加强与文化交融的加深，是政策沟通、设施联通、贸易畅通、资金融通的基础，是消除误判、加强合作的必要条件。传承和弘扬丝绸之路友好合作精神，广泛开展文化交流、学术往来、人才交流合作，是促进双多边合作的坚实基础。民心相通的国际化人才需求主要体现在教育、文化、旅游、医疗卫生、法律、就业等方面。譬如教育方面，主要包括国际教育研究专家、双语教师、孔子学院志愿者、国际组织教育项目的推动者等；旅游方面，主要包括国际导游、了解国外民风和当地特色文化的策划专家等；医疗卫生方面，主要包括国际医学专家、世界卫生组织（WHO）的中国代表、国际救援医疗团队等；法律方面，主要包括国际法专家、国别法律研究的学者和能够为国家和跨国企业维权的律师等。

1.2.3 人才培养模式的国际化交融需求

1.2.3.1 我国国际化人才培养现状与问题

"一带一路"国际化人才必须同时兼备多项能力或技能，如既掌握语言又具备某项专业技能，已成为我国高校进一步优化人才培养模式的主要目标之一，但在具体实施的效果方面还存在诸多问题。

1. 师资队伍缺乏国际化

高等教育中教师占据主导地位，培养哪类人才，就需要我们去构建如何适应国情的师资队伍。具体来讲，一方面，国际化复合型人才的培养离不开国际化复合型师资队伍。在现有国际化人才培养中，尽管一些院校聘请了一定比例的"双师型"教师，但因国际化复合型教师的极度稀缺性，导致此类教师明显缺乏，即便聘请了一部分外教，却没有制订与之相匹配的管理和考核机制，导致外教教学效果未及预期。另一方面，当前各院校教师较少有出国学习机会，多数情况下只能利用网络、书籍或是其他途径了解国外的情况,也无法切身感受到共建国家的风土人情、市场运作机制、贸易规则等,因教师能力限制,自然也就无法培养出合格的国际化人才。

2. 校企合作有待加强

"一带一路"国际化人才需要掌握多方面的理论知识与实践技能,单纯的院校教授模式已经难以满足这一需求,需要与企业建立合作关系展开联合培养。但在校企合作中,一方面双方只进行一些浅层次的合作,如院校仅负责将学生输送至企业,企业为学生安排一些基础性的岗位,至于最终的培养效果却没有相应考核机制进行检验;另一方面,多数企业未建立完善的人才培养体系,也缺乏对国际化人才培养的经验,导致培养成效大打折扣。

3. 人才质量评价体系不科学

人才质量评价体系是衡量培训效果、完善培训体系的重要环节,是整个人才培养体系的核心内容之一。但就现有评价体系来看,一是人才培养标准不科学,只注重人才的专业能力,忽视了国际化视野、国际化思维、语言能力的重要性;二是考核机制不科学,考核多沿用传统模式,维度单一。

1.2.3.2 "一带一路"背景下国际化人才培养模式与路径

首先,各个高校应结合学校学科优势与特色,推动人才培养模式与"一带一路"需求有效对接,建立中外学生融合培养体系。"一带一路"倡议实践性强、涉及面广,高校应创造跨学科培养人才的模式和环境,打破既有学科布局,将工科与文科结合,推动通识教育,使学生对中国历史和世界格局的变化有较深入的认识,在培养"外语+"人才的同时,也要使学生熟悉党和国家方针政策。高校还应将人才培养工作与共建国家的国际合作机制有机结合,推动国内院校与"一带一路"共建国家进一步合作,拓展合作路径,扩大合作领域,形成新的办学优势。持续围绕"一带一路"发展规划,明确未来人才培养的目标与途径,最终形成务实有效、动态调整的"一带一路"人才培养方案。

其次,以"多元""实用"和"适用"为标准规划课程体系。中国传统人才培养模式注重学科知识传授,培养出的学生专业基础好,但综合能力相对较弱。"一带一路"需要的是国际化复合型人才,是"地球人"。因此,要使"一带一路"人才"实用""适用",就必须坚持按照"一带一路"的人才标准,设置内容多元、动态发展的课程体系,开设切实有效的实践课程,通过相应的教育手段,培养出"多专多能"的复合型人才。

再次,进一步拓宽高校、企业和政府之间的合作,实现信息共享,使知识能够服务于政策、转化为效益。人才培养涉及政府政策的宏观指引、高校的教育体系以及企业的使用反馈状况。目前,三个环节之间信息不完全,结合不紧密,从而造成政府预期、人才培养和社会需求不能精准对应。未来"一带一路"人才培养体系应在三者之间建立信息共享机制,将上游的政府规划、中游的高校教育以及下游的企业的聘用反馈连接起来。高校作为"中间人",一方面可以向政府和企业提供相应的人才资源,另一方面高校可以为政府和企业就相关决策提供智力支持,从而最大化发挥高校在经济运行中的效益,也可以降低"一带一路"人才的培养成本,提高人才培养的质量和效能。如通过校企之间的产学研合作,通过与"一带一路"相关企业、与地方政府搭建各类实践项目与课程,培养多专多能、适用实用的"一带一路"人才。此外,"一带一路"共建国家经济水平、社会体制、文化差异较大,与国内社会工作环境存在一定差异,服务于"一带一路"的人才必须纳入中国的相关政策体系和人才使用体系,保障人才的后续培养,达到激励相容。

最后,既要重视人才引进,也要利用好现有国际化人才资源。高校应该充分挖掘学校既有的人才,包括教师、研究生、留学生等群体,能够整合资源建立相关智库为政府咨政建言,为企业提供决策支持。此外,利用好"一带一路"国际合作平台,重视人才引进与教育交流,让国外优秀人才和中国优秀人才在"一带一路"建设中协作创新,实现国际化人才互联互通。

总之,精准培养"一带一路"所需人才,要在细致调研分析"一带一路"人才需求的基础上创新课程体系,使知识学习、实践锻炼与跨文化交际能力培养有机融合,实现培养效果最优化。在培养更加符合"一带一路"需求的专业人才的同时,还要探索形成"一带一路"人才培养创新路径,引领世界人才培养的新方向。

1.2.4 国际化交流合作平台的需求分析

"一带一路"倡议向世界传递"构建人类命运共同体"的发展理念,不仅是我国迈向高等教育强国的重要助推力,也是高等教育质量提升的新契机。"一带一路"倡议助推高等教育产生新发展图景,打造"高等教育共同体"已逐渐成为新的国际共识。中国提出"推进高等教育内涵式发展""推进国际科技合作""加快建设世界重要人才中心和创新高地,完善人才发展体制机制"等,令人倍感振奋。中国要想进一步拥抱世界、赢得未来,应坚持教育优先发展战略,提升高等教育国际化水平。

1.2.4.1 建设国际化交流合作平台的意义

"一带一路"横跨东亚、南亚、中亚、欧洲南部和非洲东部等广大地区。当前,"一带一路"共建国家正处于产业提档升级阶段,需要互相学习借鉴和共享科技进步、产业提升的优势,通过合作协同来解决发展难题。国际化交流平台的建设为我国培养国际化人才、推进合作办学、扩大学生就业与实习空间等提供了新的发展机遇。

建设国际化交流合作平台有助于共建国家共建以人才培养为核心、多主体协同参与的"高等教育发展共同体";有助于共建国家整合教育教学资源,开展宽领域、多层次、多形式的高等教育合作交流活动；有助于"推进学历学位互认标准的出台，优化共建国家和地区教育资源的配置，提高合作效益，提升区域高等教育的影响力"；有助于高校加快资源共享、全球治理、疫情防控应对等领域的合作研究，深入学术交流对话，推进共建国家地区的融合和交流。

1.2.4.2 建设国际化交流合作平台的路径

建设符合高校国际化发展的国际合作平台，既是自上而下国家层面教育发展战略的实际需要，也是自下而上高校层面教育教学改革发展的现实所需。

1. 中外合作办学

中华人民共和国成立以来，中外合作办学一直被作为联结中国与世界其他地区高等教育的纽带，有力地助推了中国高等教育的国际化进程。随着"一带一路"倡议的推进，我国与共建国家合作办学也得到了发展的大机遇。根据教育部教育涉外监管信息网平台公布的信息，截至 2022 年 9 月，由教育部审批和复核的中外合作办学的机构及项目数量为 1254 个，其中机构数量为 173 个，项目数量为 1081 个；由地方审批报教育部备案机构及项目数量为 1125 个，其中机构数量为 50 个，项目数量为 1075 个。教育部审批和地方备案合作办学机构共 2379 个，其中"一带一路"共建国家的项目和机构共 239 个，共涉及 10 个国家[①]。可以认为，"一带一路"共建国家中外合作办学正在逐步发展，在"一带一路"倡议推动下将迎来高速发展的黄金期，但与此同时，仍存在显著问题。

第一，合作办学数量扩增，但整体办学层次偏低。进入 21 世纪后，共建国家参与中外合作办学的项目数量从 2012 年的 118 个增加到 2022 年的 239 个，年均增长率达到约 12.8%，2013 年"一带一路"倡议提出当年增长率高达 24.1%，显示出"一带一路"倡议对共建国家参与中外合作办学起到了关键推动作用。与此同时，从中外合作办学的层次机构来看，当前共建国家参与的中外合作办学项目（机构）办学层次以本科和专科学校为主，整体办学层次仍偏低，其中共建国家参与的所有中外合作办学项目（机构）中，专科层次的共有 76 个，占比约为 32%；本科层次的共有 149 个，占比 62%；硕士层次的共有 12 个，占比 5%；博士层次的只有 2 个，占比 1%。基本呈现出以专科和本科层次为主、硕士层次为辅、博士层次零星存在的基本格局。

第二，参与国家主体增多，但共建国家分布还不平衡。根据教育部教育涉外监管信息网平台公布的数据，2012 年之前参与中外合作办学的"一带一路"共建国家只有俄罗斯和新加坡，但随着"一带一路"倡议的持续推进，越来越多的共建国家正参与其中，到 2018 年，已有 10 个共建国家与中国开展了中外合作办学活动。但

---

① 该段落中的数据来源于 https://www.crs.jsj.edu.cn/index/sort/1008

总体而言,大多数共建国家尚未参与其中。俄罗斯的中外合作办学机构和项目数最多,占共建国家总数的65%,其次是新加坡、波兰、白俄罗斯、马来西亚4国,其他国家中外合作办学数量则仅为个位数。

2. 拓展国际合作网络

在高等教育全球化和国家战略引导的内外背景之下,国内顶尖高校纷纷将全球战略作为谋求新发展的重要布局。清华大学于2016年提出了《清华大学全球战略》,逐步建立起覆盖北美洲、南美洲、欧洲和亚洲的创新人才培养基地,并发起创立亚洲大学联盟、世界大学气候变化联盟等。北京大学于2019年正式发布《北京大学国际发展战略——全球卓越:面向未来的责任与担当》,致力于推进北京大学新一轮更高水平、更高质量的对外开放。浙江大学则分别于2018年和2019年发布了"浙江大学全球开放发展战略"以及"浙江大学全球开放发展战略行动计划",通过深入开展与世界顶尖大学合作,加强一流学科国际对标,建成了多维度全球合作网络。

伴随着新型冠状病毒肺炎等在世界范围内的蔓延,全球高等教育也经受着前所未有的时艰,国际交流合作面临着新的挑战。对中国高校自身而言,只有通过广泛链接全球优质办学资源和科技创新资源,深入参与世界高等教育合作与竞争,在开放合作中提升自身的创新能力,回应人类面临的共同挑战,才能真正以一流的办学水平和鲜明的办学特色,屹立于世界高等教育之林,顺应时代变革的要求。高校应把握全球形势和国家外交战略布局,积极响应国家"一带一路"倡议,深化与"一带一路"共建国家与地区的合作交流与重点领域人才培养合作。

高校要着重开展三方面国际合作网络拓展工作:第一,加强人员交流。要坚持派遣留学生赴海外长期留学,拓展各类短期交流形式;要坚持接收优秀国际学生来中国学习,做好"留学中国"品牌。青年学生跨国学习,成为文化的跨境承载者和传承者,承担人文使者的角色。第二,加强国际研究与全球开放创新合作。中国高校需要提升研究的层次,进一步把研究全球性问题纳入工作范畴。科研合作本身属于高层次国际交流合作,是提升研究水平的必由之路,也是解决全球性问题的唯一路径。中国高校的卓越科研能力是塑造负责任大国的全球形象和软实力的一个重要支撑点。第三,加大聘用优秀外籍教职员工的力度。中国优秀高校需要吸引具备卓越学术能力、管理才能的多元文化人才加入教职工队伍,结合中国实际,吸收和消化世界先进的管理理念和方法,实现大学治理能力现代化,实现"双一流"建设目标。

3. 开展产学研合作

产学研合作育人模式就是充分利用学校与企业、科研单位等多种不同教学环境和教学资源以及在人才培养方面的各自优势,把以课堂传授知识为主的学校教育与直接获取实际经验、实践能力为主的生产、科研实践有机结合的教育形式。这从根本上是为了解决学校教育与社会需求脱节的问题,缩小学校和社会对人才培养与需求之间的差距,增强了学生的社会竞争力。

参与产学研国际合作的主体可以分为政府、大学和企业 3 个类型。政府是对产学研合作进行组织、管理和调控的主体,不仅与市场共同发挥资源配置的作用,同时也提供政策支持及环境建设等公共服务职能。企业是新技术新工艺应用的主体,作为市场的重要组成部分,企业吸收技术成果并将其转化为生产能力,应用于市场开发与新产品生产。大学是进行科学研究、技术研发和科技创新的主体,国内外大学通过相同专业研究领域的人才培养和技术研发合作,最终输出先进的知识技术与专门人才。

建立国际化教育科技创新产学研合作平台,可以进行技术创新提升企业产品竞争力。产品需求和市场竞争是拉动企业进行技术创新的主要动力,企业要获得市场竞争优势,就需要不断研发生产具有竞争力的产品,必须掌握先进的生产技术。但在市场条件下,企业内部有限资源的整合和开发不能满足无限的生产技术开发需求,因此企业必须通过与创新要素汇集的高校合作,将可以外包的基础性、长期性研发任务交由具有创新能力的高校或其他科研机构,从而增强在市场中的竞争力。

建立国际化教育科技创新产学研合作平台,可以提升大学科研生命力。大学的功能可划分为人才培养、科学研究与服务社会。对比国际经验可知,当今国际竞争主要表现为科技水平和创新能力的竞争,大学正逐步成为各国科技创新的源头,其科学研究与服务社会功能不断得到强化,已成为推动国家创新和企业发展的"发动机"。同时,由于大学科研成果中的前沿技术需要企业进行实用性改进,所以大学在本质上与企业存在密切联系,这种纽带是大学获取横向科研经费从而支持科学研究持续发展的根本保障。

建立国际化教育科技创新产学研合作平台,可以促进政府完成经济发展目标。校企合作开发新技术新产品是服务区域经济发展的有效手段,既可以带动就业,又可以通过技术创新促进产业升级。因此,政府应当从总体上对科学技术知识的生产、扩散及其应用进行规划和引导,直接参与科技创新的全过程,包括出台相应政策与法规,界定和保护知识产权,营造公平高效的合作环境,鼓励和促成国内外大学与企业的生产合作,扶持专业的中介机构参与科研成果转化等,保证教育科技创新合作平台顺畅运行。

参考文献

[1] 中国现代国际关系研究院."一带一路"读本[M].北京:时事出版社,2018.

[2] 国家开发银行,联合国开发计划署,北京大学."一带一路"经济发展报告[M].北京:中国社会科学出版

社,2017.

[3] 司琦."一带一路"倡议历史沿袭及背景综述[J].国际公关,2020(4):1-2.

[4] 国家发展改革委,外交部,商务部.推动共建丝绸之路经济带和21世纪海上丝绸之路的愿景与行动[M].外文出版社英文编译部,译.北京:外文出版社,2015.

[5] 蔡昉,马丁·雅克,王灵桂."一带一路"手册(2020)[M].北京:中国社会科学出版社,2021.

[6] 刘志民,刘路,胡顺顺."一带一路"沿线73国高等教育大众化进程分析[J].比较教育研究,2016(4):1-8.

[7] 阎聆萱,薛光武,段荣娟."一带一路"高等教育成就与发展态势[J].理论观察,2021(1):164-167.

[8] 李佳庆.国际化人才的内涵及培养策略[J].沈阳工程学院学报(社会科学版),2020,16(2):94-97.

[9] 辛越优,倪好.国际化人才联通"一带一路":角色、需求与策略[J].高校教育管理,2016,10(4):79-84.

[10] 宋振超.逻辑与路径:"一带一路"背景下我国高等教育国际化分析[J].中国成人教育,2020(17):18-22.

2 国内高校"一带一路"相关国际联盟

2.1 国内高校"一带一路"相关国际联盟概况

2.1.1 研究状况

综合来看,当前关于"一带一路"背景下的高校国际联盟研究已初具规模,相关研究结论也有助于提高大家对高校联盟的重视。在此基础上,我们尝试总览"一带一路"相关高校国际联盟状况,并从不同维度进行更为客观的分析,结合当下不同类型相关国际联盟的运行现状,分析其主要特点与意义作用;通过梳理典型的成功案例,分析其实践经验及存在的主要问题,深入挖掘联盟合作的困境,实现对联盟发展的深度理解与内在反思,并有针对性地提出"一带一路"高校国际联盟的合作发展路径。

2.1.1.1 基本概念

"联盟"这一概念最早于20世纪90年代中期出现于商业和战略规划领域,即商业体之间通过这样一种组织关系提高其全球竞争力、拓展市场机会和开拓客户群体。"联盟"可以被视为由两个或多个组织之间所建立的协作关系而无须共同掌控权的一种组织安排形式。"高校联盟"是指高校之间通过资源共享和项目合作,为实现高校学术水平的提高、管理成本的降低,共同解决高校发展中的重大问题等战略目标,通过各种契约而建立起来的松散型网络组织。

相对于"联盟"这一概念的普通意涵,"高校国际联盟"是指一所或几所大学共同发起,以增进合作、促进交流为宗旨,以服务联盟成员、服务地区或全球为使命,以解决人类共同面临的地区或全球范围内的重大课题而进行合作的大学联合体。国外学者认为,高校国际联盟的兴起与全球学术人才竞争加剧有关。

因此,所谓高校国际联盟是指以一定契约形式进行关系缔结与实现理念及行为规范的,以共商、共享、共建为基本原则,以促进高等教育资源实现在全球范围内的再优化、再配置,以着力解决全球及区域内涉及人类重大利益问题的,并最终以构建人类命运、利益共同体为根本使命的高校间跨国协作组织。同时,建设高校国际联盟的四大基本要素为:制定并发布联盟章程等基本制度性文件;常设理事会、执行管理机构等对内与对外的行政工作单元;在一定范围内开展了相关实质性的交流与合作且具有相对持续性;具有两国及以上国家高校的参与。

2.1.1.2 背景介绍

2016年7月,教育部印发的《推进共建"一带一路"教育行动》(以下简称《教育行动》)明确"支持在共同区域、有合作基础、具备相同专业背景的学校组建联盟"。在政策的推动下,服务"一带一路"区域,支撑国家倡议的发展需求,激发了我国高校进行联盟合作的热情,推动我国高校进入发起国际联盟的"高潮期"。

2017年2月,中共中央、国务院印发《关于加强和改进新形势下高校思想政治工作的意见》,指出高校肩负着人才培养、科学研究、社会服务、文化传承创新、国际交流合作的重要使命。自此,"国际交流合作"正式确立为高校的第五项职能,成为高校内涵式发展的必然要求,并在《统筹推进世界一流大学和一流学科建设实施办法(暂行)》及《关于高等学校加快"双一流"建设的指导意见》(以下简称《指导意见》)等重要文件中得到多次重申。

国际合作交流在高校一流大学建设中意义重大,《指导意见》中建议高校从以下两方面推进国际化发展:一是与国外高水平大学开展科研合作和学术交流,推进优质教育资源互鉴;二是响应"一带一路"倡议,加大国际化人才培养力度,参与共建"一带一路"教育行动计划,提升区域教育影响力。为加快融入世界一流大学及一流学科建设,深度参与"一带一路"教育行动计划,高校积极探索国际化发展道路。近年来,越来越多的高校倡议发起或选择加入"一带一路"高校联盟。

2.1.1.3 研究现状

我国"一带一路"高校国际联盟的相关理论研究伴随着联盟的广泛成立,得到了更多的关注和重视。"一带一路"高校联盟的建立有效地促进了共建国家高校间的科教合作与交流,极大地提升了我国高校教育国际化的程度,但由于联盟建设时间的跨度较小、工作机制尚不够完善、发展还不够成熟等问题,其对高等教育发展、区域及国际关系塑造等方面的意义还未完全显现。因此,如何依托高校国际联盟平台,增强与共建国家高校交流合作的实效性,提升自身国际化发展水平,还需要进一步深入研究。

目前关于"一带一路"高校国际联盟的相关研究较少,主要是理论研究和案例分析两大类。理论研究方面,主要是针对"'一带一路'高校国际联盟"建设机制的思辨,同时依托相关理论支撑,探讨"'一带一路'高校国际联盟"的价值生成与应对策略;案例研究主要是通过选取单个或多个相关国际联盟的典型案例进行深度分析，并审视相关国际联盟的发展现状，并提出发展策略。

如郅红霞、刘宝存分析了"一带一路"教育共同体的内涵、特征与紧迫性等，从"框架制定"和"平台搭建"两个层面提出了"一带一路"教育共同体的构建策略，并从公共政策学的角度列举了创新"一带一路"区域治理模式的发展路径。朱以财、刘志民分析了具有代表性的8个"一带一路"高校国际联盟的运行现状与特征，同时评估了高校国际联盟建设的环境，提出了联盟建设的优化路径；立足价值哲学的视角，分析了"一带一路"高校国际联盟的价值，提出了推动"'一带一路'高校国际联盟"可持续发展的发展路径。

张春月、樊媛选取了目前建设较好的"'一带一路'高校国际联盟"，从案例着手分析了其相关实践内容，从实践角度总结了建设"'一带一路'高校国际联盟"的意义、存在的问题以及实施路径。郑淳、张铎、任新红梳理了"一带一路"倡议背景下高校国际联盟的发展现状及主要特征，并以西南交通大学发起的"'一带一路'铁路国际人才教育联盟"为例，探讨了联盟建设思路及发展对策。

▲ 2.1.2 基本情况

所谓"'一带一路'高校国际联盟"泛指由"一带一路"共建国家广泛参与的高校国际联盟，而非特指某一个高校国际联盟。据不完全统计，"一带一路"倡议提出后，由我国高校发起的"一带一路"共建国家参与的国际联盟数量现已累计超过140个，互联网上可查询相关数据的大致有50%，我们对这部分联盟状况进行了整理分析（表2-1）。

表2-1 相关国际联盟总表

序号	联盟名称	成立时间
1	中国—西班牙大学联盟	2009年6月
2	中国俄罗斯白俄罗斯大学联盟	2010年9月
3	中俄工科大学联盟	2011年3月
4	中俄艺术类高校联盟	2012年6月
5	中国东北地区和俄罗斯远东、西伯利亚地区大学联盟	2012年9月
6	东盟及中日韩大学联盟	2012年11月
7	国际电力高校联盟	2013年6月
8	中俄经济类大学联盟	2013年11月
9	中俄教育类高校联盟	2014年4月
10	中俄交通大学联盟	2014年5月
11	中俄医科大学联盟	2014年7月
12	中国—东盟工科大学联盟	2014年9月

续表

序号	联盟名称	成立时间
13	丝绸之路大学联盟	2015年5月
14	"一带一路"高校战略联盟	2015年10月
15	金砖国家大学联盟	2015年10月
16	成都国际友城高校联盟	2016年6月
17	中俄新闻教育高校联盟	2016年7月
18	中国—东盟边境职业教育联盟	2016年9月
19	中国—中亚大学联盟	2016年9月
20	中国—东盟大学智库联盟	2016年10月
21	丝绸之路农业教育科技创新联盟	2016年11月
22	中俄文化艺术大学联盟	2016年12月
23	"一带一路"国际人才培养产学联盟	2016年12月
24	中国—东盟艺术高校联盟	2017年3月
25	中国—东盟艺术高校联盟	2017年3月
26	"一带一路"中波大学联盟	2017年3月
27	亚洲大学联盟	2017年4月
28	"一带一路"航天创新联盟	2017年4月
29	"一带一路"音乐教育联盟	2017年5月
30	全球外国语大学联盟	2017年5月
31	"一带一路"产教协同联盟	2017年6月
32	丝绸之路商学院联盟	2017年6月
33	"长江—伏尔加河"高校联盟	2017年6月
34	"一带一路"人才培养校企联盟	2017年7月
35	中国—东盟高校创新创业教育联盟	2017年7月
36	中国—东盟经济类大学联盟	2017年7月
37	中国—东盟旅游教育联盟	2017年7月
38	"一带一路"商学院联盟	2017年8月
39	中巴经济走廊大学联盟	2017年8月
40	全球音乐教育联盟	2017年9月
41	中俄综合性大学联盟	2017年9月
42	广东省"一带一路"职业教育联盟	2017年9月
43	"一带一路"建筑类大学国际联盟	2017年10月
44	丝路教师教育联盟	2017年11月
45	华南"一带一路"轨道交通产教融合联盟	2018年5月

续表

序号	联盟名称	成立时间
46	"一带一路"标准化教育与研究大学联盟	2018年5月
47	"一带一路"国际医学教育联盟	2018年5月
48	"一带一路"/南南合作农业教育科技创新联盟	2018年6月
49	"一带一路"职业教育培训联盟	2018年7月
50	中国—东盟农业科技创新联盟	2018年9月
51	中国东盟国际教育发展联盟	2018年9月
52	"一带一路"语言文化传播校企联盟	2018年10月
53	"一带一路"能源电力高校及产学研联盟	2018年10月
54	"一带一路"国际科学组织联盟	2018年11月
55	"一带一路"工程教育国际联盟	2018年11月
56	"一带一路"高校食品教育科技联盟	2018年11月
57	山东省"一带一路"职业教育国际联盟	2018年11月
58	"一带一路"世界纺织大学联盟	2018年12月
59	中国—东盟民办大学联盟	2018年12月
60	新工科教育国际联盟	2019年4月
61	"丝路工匠"职业院校国际合作联盟	2019年6月
62	中国—东盟高校医学联盟	2019年10月
63	世界人文社会科学高校联盟	2019年11月
64	"一带一路"矿业高校联盟	2019年11月
65	中俄(山东)教育国际合作联盟	2020年8月
66	"一带一路"纺织服装职业教育联盟	2020年11月
67	中国—拉丁美洲农业教育科技创新联盟	2020年12月
68	中国—乌克兰大学联盟	2021年6月
69	"一带一路"财经类大学联盟	2021年9月
70	中国—东盟信息港电子信息人才培养与科技创新联盟	2021年9月
71	东北三省一区"一带一路"职业教育联盟	2021年12月
72	中国—东盟能源职业教育联盟	2022年5月

就联盟成员的国别数量而言,高校国际联盟可分为双边型和多边型两大类。双边型联盟即联盟成员高校来自两个主权国家。双边社会、政治关系是双边型国际联盟形成和发展的重要基础,同时双边地缘关系、社会文化联系、人文合作政策等是重要影响因素,此类联盟的参与高校在办学层次以及专业领域同质性较强,如"中俄工科大学联盟""中俄医科大学联盟""中俄交通大学联盟""中俄综合性大学联盟""'一带一路'中波大学联盟""中国—乌克兰大学联盟""中巴经济走廊大学

联盟"和"中国—西班牙大学联盟"等。

2.1.2.1 双边型联盟

1. 中俄工科大学联盟

2011年3月6日,由哈尔滨工业大学和莫斯科鲍曼国立技术大学发起中俄工科大学联盟,共有69所国内外大学加盟,包括54所正式成员学校和15所观察成员学校;联盟会集了中俄工科精英大学,培养高素质人才,推进中俄人才交流与科技合作,促进两国创新型经济的共同发展。

2. 中俄医科大学联盟

2014年7月1日,由哈尔滨医科大学与俄联邦谢切诺夫莫斯科国立医科大学共同发起中俄医科大学联盟,联盟成员达到120所,联盟会集中俄两国主要的医科大学资源,旨在推进中俄医学交流与科研合作,促进两国卫生事业的共同发展。通过邀请学者互访,组织学生生产实习交流,培养专家,共同创建国际网络医科大学,实现联盟平台下的新合作。

3. "一带一路"中波大学联盟

2017年3月21日,由北京工业大学、重庆交通大学、波兰奥波莱工业大学发起的"一带一路"中波大学联盟,成员高校为27个。通过举办"艺心相通"中波大学联盟艺术节暨艺术设计大赛,出版大赛作品集;举行"互联互通"中波青年夏令营、"匠心相通"系列国际学术会议、建立"一带一路"中波大学联盟启动国际科研合作项目"人才库"建设等形式加强双边合作。

4. 中国—乌克兰大学联盟

2021年6月23日,由大连理工大学发起的中国—乌克兰大学联盟,联盟成员包括92所中国高等院校,46所乌克兰高等院校,在共同申请国际资助和研究项目,共同撰写和出版科学出版物,共同管理学术进程、学生和学术交流,筹备联合会议等国际活动,组织社会文化合作项目,共同维护科学和优质高等教育的发展方面进行了务实的合作。

2.1.2.2 多边型联盟

多边型联盟是指成员包括两个或以上"一带一路"共建国家,多边型联盟可再细分为区域型联盟和全球型联盟。区域性联盟是指联盟成员全部来自"一带一路"某一特定区域,该类联盟在促进区域经济一体化,服务"一带一路"建设方面起到了很好的促进作用。如"亚洲大学联盟""中国—中亚大学联盟""'一带一路'/南南合作农业教育科技创新联盟""'一带一路'产教协同联盟""'一带一路'国际医学教育联盟""中国—东盟高校创新创业教育联盟""中国—东盟艺术高校联盟"和"中国—东盟旅游教育联盟"等。

1. 区域型联盟

（1）中国—中亚大学联盟

2016年9月27日，由新疆大学发起中国—中亚大学联盟，中国、中亚及丝绸之路经济带沿线7个国家的51所大学加入联盟，通过定期举办论坛，开展联合培养项目，建立国际联合研究中心，国际智库合作平台，跨区域、跨学科重大问题研究中心，"一带一路"国际联合实验室，搭建区域和国际产学研用合作平台等，促进了中国—中亚国家高等教育发展经验交流、信息沟通和校际合作搭建平台，推动丝绸之路经济带共建国家高等教育的共同发展。

（2）中国—东盟高校创新创业教育联盟

2017年7月29日，贵州理工学院发起成立中国—东盟高校创新创业教育联盟，联盟成立以来，通过成立讲师团，实现联盟成员单位间师资、项目等资源的共享；通过合作申报教育援外项目，加强联盟成员单位国际学生交流，促进联盟成员单位相互推荐、招收和培养联盟成员国国际学生；建立联盟媒体平台，扩大联盟成员，吸收优秀国内外高校及企业入盟。截至2021年9月，联盟成员高校和机构已达42所。

（3）"一带一路"国际医学教育联盟

2018年5月26日至27日，由中国医科大学召集，中国、乌克兰、吉尔吉斯斯坦、爱沙尼亚、阿塞拜疆、巴基斯坦、菲律宾等15个国家医学教育机构共同发起倡议"一带一路"国际医学教育联盟。各联盟成员单位为打造卫生健康命运共同体作出了积极贡献。联盟成员数量已扩大至71家，实现了联盟的可持续发展。

（4）"一带一路"/南南合作农业教育科技创新联盟

2018年6月22日，由中国农业大学牵头发起"一带一路"/南南合作农业教育科技创新联盟，是国内外最大的农业全领域教育科技合作平台。中国农业大学、西北农林科技大学等中国40所农林院校和吉尔吉斯斯坦国立农业大学、以色列希伯来大学、柬埔寨皇家农业大学、阿尔巴尼亚地拉那农业大学、罗马尼亚布加勒斯特农业与兽医药大学、俄罗斯滨海国立农学院等"一带一路"共建国家的30所院校一同加入。在共享教育资源、进行人才培养，共同推进农业科技创新、推进中国与各国间农业科技与发展经验共享、促进农业政策对话与沟通等方面起到了积极促进作用。

（5）"丝路工匠"职业院校国际合作联盟

2019年6月1日，由北京丰台区职业教育中心学校与北京威酷国际教育文化有限公司牵头发起"丝路工匠"职业院校国际合作联盟，中外59所职业院校先后加入。欧亚地区相关职业院校通过举办联盟"丝路工匠"国际技能大赛、与企业配合学校共同制定人才培养方案，从行业、企业聘请专家，定期或不定期给学生授课，开设国际化讲座等活动促进院校间的交流合作。

2. 全球型联盟

全球型联盟,是指联盟成员部分来自"一带一路"共建国家,部分成员来自发达国家,此类联盟的建立突破了传统的洲际和地区限制,与高等教育全球化的深入发展密不可分。如"世界纺织大学联盟""全球音乐教育联盟""全球外国语大学联盟""世界人文社会科学高校联盟""'一带一路'建筑类大学国际联盟""'一带一路'工程教育国际联盟""'一带一路'航天创新联盟""'一带一路'标准化教育与研究大学联盟""'一带一路'高校食品教育科技联盟""一带一路"音乐教育联盟和"丝绸之路商学院联盟"等。

(1) 全球音乐教育联盟

全球音乐教育联盟于2017年9月在北京成立,由中国音乐学院发起建设,是全球唯一覆盖世界一流音乐教育机构的非政府间国际组织。自成立以来,联盟始终以"讲好中国故事,传播好中国声音"以及"加强我国国际传播能力建设"为使命,为北京"全国文化中心、国际交往中心"建设贡献力量,提升中国音乐文化的国际传播力,塑造可信、可爱、可敬的中国形象。

(2) 世界纺织大学联盟

2018年12月8日,东华大学联合其他18个国家共33所具有纺织特色的大学,在世界纺织服装教育大会上正式成立世界纺织大学联盟。该联盟系当前参与高校最多、对"一带一路"共建国家覆盖率最高的世界纺织类高校联合组织。联盟以"弘扬合作精神,促进人文交流"为宗旨,通过平台搭建、政策分析、项目开展等工作,加强全球纺织高等教育的交流互鉴,促进纺织服装及相关产业的科技进步、艺术设计水平提升,为人才培养、繁荣发展贡献智慧力量,并提高社会整体认知和应用水平。联盟成立了"东华大学-天猫新品创新中心产教融合新品孵化基地",搭建"数字化新品策划"产教融合项目制课程创新平台,进行新品共创产教融合创新的实践活动。

(3) 世界人文社会科学高校联盟

2019年11月4日,中国人民大学与意大利路易斯大学共同发起成立世界人文社会科学高校联盟,成员包括德国慕尼黑大学、意大利路易斯大学、中国人民大学、南非斯坦陵布什大学、荷兰蒂尔堡大学、墨西哥学院等14所正式成员单位和中国台湾政治大学、巴黎政治学院、美国乔治·华盛顿大学、伦敦国王学院等9家观察员单位。联盟举办了中德系列博士生工作坊、世界人文社会科学高校联盟年会和系列线上论坛、世界人文社会科学高校联盟指导委员会会议等高水平国际会议等,并积极开拓创新型国际学生项目。

2.1.2.3 联盟合作领域

就联盟的合作领域而言,可将高校国际联盟分为专业型(学科型)联盟和综合型联盟两种。

1. 专业型（学科型）联盟

专业型联盟，主要在某一专业领域开展合作，其成员主要为专业院校或综合类院校的专业学院，其在办学层次、办学定位、发展理念与战略发展目标上相对一致。现有的专业性联盟大多出现在建筑、工程、医学、农业、语言、艺术、经济等相关领域。此类联盟院校学科专业性强，在质量标准、课程设置方面比较容易建立共识，高校间国际交流合作内容上更为精准。如"'一带一路'国际科学组织联盟"、丝绸之路农业教育科技创新联盟、"'一带一路'商学院联盟"、国际电力高校联盟、中俄艺术类高校联盟、中俄新闻教育高校联盟、中俄经济类大学联盟、中俄教育类高校联盟、中俄交通大学联盟、中国—东盟艺术高校联盟和中国—东盟旅游教育联盟等。

(1)"一带一路"国际科学组织联盟

"一带一路"国际科学组织联盟于2018年11月4日由中国科学院发起成立，习近平主席发来贺信，刘鹤出席大会并宣读贺信。联盟是首个由"一带一路"共建国家的科研机构、大学与国际组织共同发起成立的综合性、实质性国际科技组织，是民政部注册的非政府间、非营利性国际性社团法人。旨在推动"一带一路"共建国家和地区在科学、技术、创新和能力建设方面的国际合作，是科技支撑"一带一路"建设及全球社会经济可持续发展的国际合作平台，努力为构建人类科技命运共同体及促进实现联合国可持续发展目标贡献力量。联盟通过设立"科学、技术和创新跨区域、多部门、多学科合作促进和支持奖"，旨在奖励世界各地的个人和组织在促进和支持科学、技术和创新领域的杰出成就；与其他国际机构、大学和资助机构联合开展"一带一路"研究项目和"一带一路"培训项目；还建立了一系列专业协会，以鼓励通过多边合作开展联合活动，重点解决与区域和全球环境变化、绿色发展、人类福祉和可持续社会经济发展有关的特殊问题。

(2)中国—东盟工科大学联盟

2014年9月，由天津大学牵头，中国卓越大学联盟与东盟4国8所高校签署《构建"中国—东盟工科大学联盟"的联合声明》，中国—东盟工科大学联盟(AC-NET-EngTech)宣布成立。联盟现有7国24所高校成员，致力于建立中国—东盟工科高等教育国际交流合作机制，搭建工程教育信息共享和国际学术交流平台，实现思想交融、经验交换、信息服务和成果共享。

(3)新工科教育国际联盟

2019年4月26日，新工科教育国际联盟在深圳成立。来自中国、美国、法国、新加坡等国家的50多所高校率先加入联盟。联盟以合作、共享、开放、创新为原则，以推进世界新工科人才培养的战略合作，共同应对新一轮工业革命挑战为目标，促进高校之间、高校与企业之间开展多元、多边合作，实现互利共赢。

2. 综合型联盟

综合型联盟,其联盟成员主要由综合类院校、研究机构组成。合作领域更为广泛,合作内容涉及多个学科领域。如"'一带一路'高校联盟""'一带一路'人才培养校企联盟""丝绸之路大学联盟""亚洲大学联盟""中国—中亚大学联盟""中俄综合性大学联盟""'长江—伏尔加河'高校联盟""中俄(山东)教育国际合作联盟""中国—东盟民办大学联盟"和"中国东北地区和俄罗斯远东、西伯利亚地区大学联盟"等。

(1)丝绸之路大学联盟

2015年5月,西安交通大学首倡成立"丝绸之路大学联盟",来自26个国家和地区的百余所高校齐聚西安,发布了《西安宣言》。联盟以"丝绸之路学术带"为内涵,推进盟员高校在师生交流、人才培养、科研合作、文化交流、政策研究、医疗服务等方面的合作。

(2)"一带一路"高校联盟

2015年10月,在甘肃省政府的支持下,兰州大学倡议成立"一带一路"高校联盟。联盟除搭建学术资源共享平台外,还通过探索科研人员与学生交流机制,组建协同创新共同体,联合开展研究,共同培养具有国际视野的人才,服务"一带一路"共建国家和地区经济社会发展。此外,联盟还设立了"甘肃省丝绸之路专项奖学金",用于培养"一带一路"共建国家留学生。现联盟数量已扩大为27个国家和地区的178个。

(3)亚洲大学联盟

2017年4月1日,由清华大学牵头发起成立亚洲大学联盟,联盟的创始成员将包括15所亚洲最具代表性的高校,有清华大学、北京大学、香港科技大学、日本东京大学、韩国国立首尔大学、新加坡国立大学、泰国朱拉隆功大学、沙特国王大学等。亚洲大学共同探讨亚洲的价值以及亚洲大学的办学理念,通过定期举办联盟峰会、校长论坛、青年论坛、寒暑期文化浸润项目等活动,每年出版《亚洲高等教育研究报告》,开展联合科研、学者互访、职员交换、图书馆馆际互借与文献传递等多个多边合作项目提升亚洲大学在全球范围的话语权,促进亚洲大学和亚洲高等教育的发展,提升亚洲大学的话语权,从而传播东方的教育思想。

2.1.2.4 类型对比

表2-1中所列的72个"一带一路"高校国际联盟数量中双边型联盟共计17个,占比24%。多边型联盟共计55个,占比76%;其中区域型联盟共计33个,占比46%;全球型联盟共计22个,占比30%;专业型56个,占比78%;综合型16,占比22%(图2-1)。

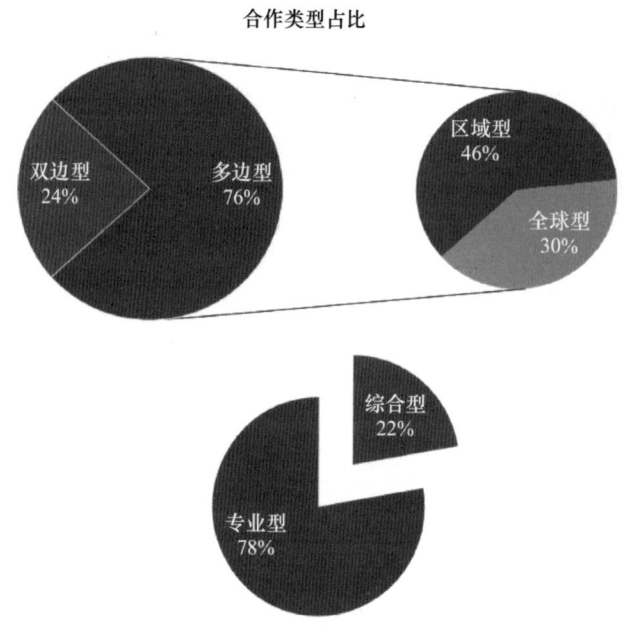

图 2-1 "一带一路"高校国际联盟合作类型占比

从联盟的分类来看,区域型>全球型>双边型;专业型>综合型。17 个双边高校国际联盟中,13 个为中俄大学联盟(表 2-2);33 个区域型国际联盟中,其中 15 个为中国—东盟高校国际联盟(表 2-3)。由此得知,办学层次及专业领域同质性较强的联盟占据主要地位,同时良好的社会政治关系、地缘关系和社会文化联系也是联盟建立的重要影响因素。

表 2-2 中俄同类大学联盟一览表

序号	联盟名称	成立时间	发起单位	成员数量
1	中国俄罗斯白俄罗斯大学联盟	2010 年 9 月	北京理工大学和俄罗斯鲍曼莫斯科国立技术大学、白俄罗斯国立技术大学	20 所
2	中俄工科大学联盟	2011 年 3 月	哈尔滨工业大学和莫斯科鲍曼国立技术大学	68 所
3	中俄艺术类高校联盟	2012 年 6 月	吉林艺术学院和俄罗斯圣彼得堡国立里姆斯基-科萨科夫音乐学院	10 所
4	中国东北地区和俄罗斯远东、西伯利亚地区大学联盟	2012 年 9 月	俄罗斯太平洋国立大学和黑龙江大学等	不详

续表

序号	联盟名称	成立时间	发起单位	成员数量
5	中俄经济类大学联盟	2013年11月	对外经济贸易大学和圣彼得堡国立经济大学	26所
6	中俄教育类高校联盟	2014年4月	北京师范大学和莫斯科国立师范大学	21所
7	中俄交通大学联盟	2014年5月	北京交通大学	88所
8	中俄医科大学联盟	2014年7月	哈尔滨医科大学和俄联邦伊米谢切诺夫莫斯科第一国立医科大学	120所
9	中俄新闻教育高校联盟	2016年7月	中国人民大学	35所
10	中俄文化艺术大学联盟	2016年12月	北京语言大学和欧亚国际协会	33所
11	"长江—伏尔加河"高校联盟	2017年6月	四川大学与下诺夫哥罗德国立技术大学	82所
12	中俄综合性大学联盟	2017年9月	北京大学和莫斯科罗蒙诺索夫国立大学	60所
13	中俄(山东)教育国际合作联盟	2020年8月	山东省和俄罗斯相关院校	不详

表2-3 中国—东盟高校国际联盟一览表

序号	联盟名称	成立时间	发起单位	成员数量
1	东盟及中日韩大学联盟	2012年11月	北京大学	51所
2	中国—东盟工科大学联盟	2014年9月	天津大学	24所
3	中国—东盟边境职业教育联盟	2016年9月	广西职业技术学院	68所
4	中国—东盟大学智库联盟	2016年10月	广西大学	不详
5	中国—东盟艺术高校联盟	2017年3月	广西艺术学院	19所
6	中国—东盟高校创新创业教育联盟	2017年7月	贵州理工学院	42所
7	中国—东盟经济类大学联盟	2017年7月	对外经济贸易大学	不详
8	中国—东盟旅游教育联盟	2017年7月	桂林旅游学院	24所
9	中国—东盟卫星导航国际合作联盟	2017年7月	桂林电子科技大学	126所
10	中国—东盟国际教育发展联盟	2018年9月	中国和东盟地区有关院校	35所
11	中国—东盟农业科技创新联盟	2018年9月	广西农业科学院	48所
12	中国—东盟民办大学联盟	2018年12月	不详	不详
13	中国—东盟高校医学联盟	2019年10月	北京大学	43所

续表

序号	联盟名称	成立时间	发起单位	成员数量
14	中国—东盟信息港电子信息人才培养与科技创新联盟	2021年9月	桂林电子科技大学	55所
15	中国—东盟能源职业教育联盟	2022年5月	广西水利电力职业技术学院	不详

2.1.2.5 相关国际联盟成立时间对比

从各联盟成立年份来看,2017年出现较大幅度的增长,达到21个,后续大致呈递减趋势。具体为:2022年1个;2021年4个;2020年3个;2019年5个;2018年15个;2017年21个;2016年8个;2015年3个;2014年4个;2013年2个;2012年3个;2011年1个;2010年1个;2009年1个(图2-2为2015年及其之后联盟成立数量趋势图)。

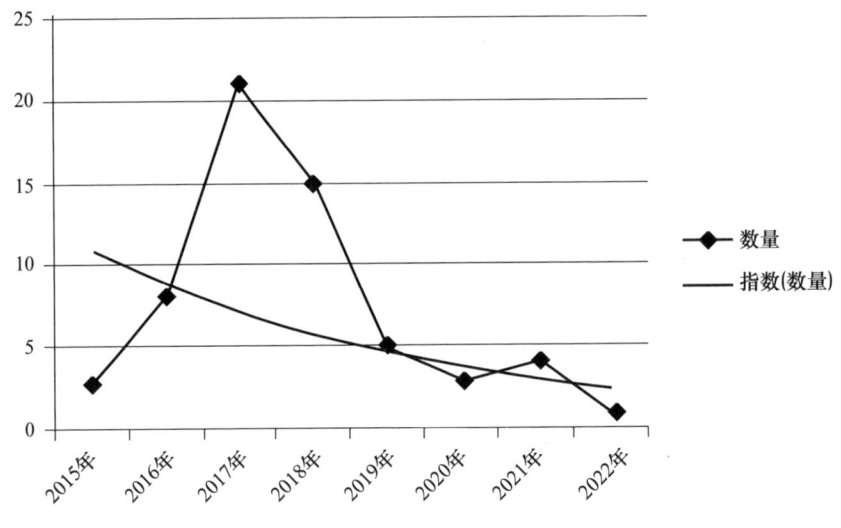

图2-2 联盟成立数量趋势图

可以看出,自2013年先后提出共建"一带一路"倡议以来,我国教育领域积极推动建立"一带一路"高校国际联盟。2016年7月,教育部印发的《推进共建"一带一路"教育行动》明确指出,"支持在共同区域、有合作基础、具备相同专业背景的学校组建联盟";2017年5月,首届"一带一路"国际合作高峰论坛在北京成功召开,明确了未来共建"一带一路"的合作方向,规划了"一带一路"建设具体路线图,确定了一批共建"一带一路"重点项目,至此,我国高校国际联盟成立数量进入了高峰期。

2.1.2.6 相关国际联盟发起院校所在城市(地区)数量对比

联盟发起院校所在城市(地区)共计15个,排名前三的分别是北京、东北地区和广西。具体为北京26个;东北地区8个;广西8个;上海5个;浙江3个;贵州3个;广东3个;陕西3个;山东3个;天津2个;江苏2个;四川2个;新疆1个;甘肃1个;海南1个,其中1个地区不详。可以看出,北京高校对于联盟的建立较为积极,东北地区、广西高校因与俄罗斯和东盟接壤,交流频繁便利,数量占比也较大。

2.1.3 意义作用

在国家"一带一路"倡议与教育对外开放政策引导和驱动下,我国高校与"一带一路"共建国家的交流合作不断向纵深推进,逐步构建了教育共同体、经济共同体、文化共同体,加速了共建各国在教育、经济、文化等不同领域的发展。

"一带一路"高校国际联盟自成立以来,在促进学生跨境流动、文化互学互鉴、学术资源共享等方面取得了实质性的成效,为实施"一带一路"倡议、构建"教育共同体"建设等塑造了良好的外部环境与保障。大部分国际联盟建立了内部制度,且在建立之初形成了章程以及行动计划文件,同步建立了管理决策与执行机构,通过设置联盟常任理事会与联盟秘书处,确保联盟日常工作的有序运转。联盟通过举办校长论坛、学术论坛、学生竞赛以及共享课程等,促进高校间师生交流与合作;通过搭建科研合作平台,联合申报国际合作项目,成立联合实验室等,促成实质性合作。

1. 聚力构建"一带一路"教育共同体建设

教育共同体是"一带一路"倡议的重要内容,其围绕人才培养,通过创新教育模式和治理机制,促进"一带一路"共建国家在教育领域的共同繁荣、合作共赢,最终实现经济社会的共同繁荣发展。"一带一路"教育共同体超越了民族、文化和语言的边界,是建立在尊重和平等基础上的多元文化群体。同样,"一带一路"高校国际联盟成员也是本着"共商共建共享"原则,在国际教育交流合作中,以培养高素质人才为己任,汇集优质资源,推进高等教育人才交流与科技合作,最终促进共建国家的社会、经济、文化共同发展。

2. 促进实现"一带一路"民心相通

民族文化对于一个国家以及民族形成凝聚力、向心力具有重要意义,共同的价值观以及信仰是联盟凝聚人心、可持续发展的基础。"民心相通"是"一带一路"倡议的重要内容,教育作为促进文明交流互鉴的一项重要内容,对于促进文明发展,促进民心相通具有积极意义。各国高校通过广泛开展学生联合培养、师资交流互动、联合举办学术交流会议、共建教育资源共享平台等方式,尊重对方民族的文化,最终达到相亲、相通、相怡的作用,拉近了彼此间的距离,增加了双方的友谊。过程中既传播了中国故事、传递了中国声音,同时也提升了中国文化的国际传播力。

3. 助推区域间社会经济发展

"一带一路"高校国际联盟的建立本着共建、共享、共赢的理念,为开展双边或多边的高等教育发展经验交流、信息沟通和校际合作搭建了平台,最终实现推动共建国家高等教育的共同发展。"一带一路"共建国家经济发展能力、工业现代化水平的不同,也催生了开展各类合作的现实需求,尤其是在农业、工程建筑学等对社会和经济发展具有基础性意义的学科领域;而加强这些领域的研究,实现知识的协同创新对这些共建国家具有深层次的意义,联盟在学科领域加强合作的同时,对共建国家的基础性事业发展起到了促进作用。因此,在教育共同体的建设过程中必然会带动相关区域的社会经济发展。

2.2 国内高校"一带一路"相关国际联盟发展走向

2.2.1 发展机遇

当今世界正在经历百年未有之大变局。世界多极化、经济全球化、社会信息化、文化多样化深入发展,世界各国人民的命运从未像今天这样紧密相连。为提升中国教育的综合实力和国际竞争力,中国陆续实施了"211 工程""985 工程""2011 计划""双一流建设"等一系列在高等教育领域进行的重点建设工作。2017 年,我国首次将"国际交流合作"确定为高校第五项职能。深化国际交流合作并提升教育对外开放质量和水平,是我国高等教育国际化的重要需求。

"一带一路"倡议的顺利推进为促进共建各国和地区在经济、文化、交通、语言等领域的互联互通提供了充分的可能性。以构建"人类命运共同体"为根本目标的共建区域"经济圈""文化交流圈""语言互通圈"已初现规模,但这也意味着在政治、经济、文化领域的人才需求日趋旺盛,人才短缺、教育资源共享度低等将成为"一带一路"建设中的掣肘因素。国内高校积极发起高校国际联盟,立足自身的学科优势,通过学科知识互学互鉴、资源平台共建共享,进一步提升国际交流合作能力,深度聚焦"命运共同体"建设。

从完善全球治理的角度来讲,"一带一路"倡议及其落实是中国在新时期参与全球治理的方案,也是中国为完善全球治理提供的广受欢迎的公共产品。"一带一路"倡议遵循共商共建共享原则,不仅惠及发展中国家,也向发达国家敞开对话合作的大门,本质上是新时期开放合作的全球性公共产品。当前,改革全球治理体系已刻不容缓,在既有机制改革乏力的背景下,"一带一路"倡议以增量方式为完善全球治理注入新理念、新机制、新动力。

2016 年 4 月,中共中央办公厅、国务院办公厅联合印发的《关于做好新时期教育对外开放工作的若干意见》,提出"推动大学联盟建设,深化双边多边教育合作"的重点部署。同年 7 月,教育部印发的《推进共建"一带一路"教育行动》,进一步强调"支持在共同区域、有合作基础、具备相同专业背景的学校组建联盟"。随着经济全球化的发展与"一带一路"倡议的纵深推进,教育国际化已经成为高等教育发展的趋势。在我国多重政策的引导与驱动之下,高校积极探索成立"一带一路"高校国际联盟,这是高等教育国际合作的新思路、新范式。

2.2.2 面临挑战

高等教育国际化领域知名学者克拉克·科尔(Clark Kerr)曾指出,高等教育和社会发展总是面临着各种难题;危机与变化始终占据着关键位置。我国高校积极发起和参加"一带一路"高校国际联盟,现已取得了一定成效,同时也面临着一定压力与挑战。

一方面,共建国家旨在通过参与高校国际联盟强化对其本国高等教育理念、形式和内容的国际认同,使自身的高等教育体系与国际主流体系实现有效对接,成员参与动机的复杂性导致联盟发展总体目标存在不确定性;同时,"一带一路"共建国家以发展中国家为主,高等教育水平较发达国家还有一定差距,这也为寻找高水平合作伙伴带来一定挑战。

另一方面,我国高校相关国际联盟是在政府有关政策出台后相继成立的,国家层面的支持力度是联盟健康可持续发展的重要基础,也是主要基础动力。也就是说,如果政府在物质与财政层面支持的力度越大,高校越能够积极推动联盟健康可持续发展,从而各方的收益也会更高。目前来看,政府机构等官方层面的间接参与力度不够,导致联盟动力以及活力不足。具体问题分析如下:一是政府尚未形成及明确高校国际联盟建设、促进联盟发展以及实施相关评价的指导性或细则性文件;二是对于联盟活动的专项资金资助不够,导致缺乏长期发展规划,部分高校在联盟活动上易流于形式,未形成常态化的交流合作机制,典型表现就是联盟活动仅停留在简单的项目合作或召开交流会议层面,没有立足学科特色,创建常态化和品牌化的联盟活动,实际产出效益不高。

此外,各高校以及学术界对于联盟可持续建设的思考与研究还不够,也是导致联盟发展动力不足的主要原因,从而阻碍了我国高校国际联盟持续稳定向好发展。作为联盟本身来讲,有的联盟在成立之初并未有长期发展规划,部分联盟在成立或"挂牌"后便"销声匿迹",在机制建设、专业人员配备、资源拓展能力以及跨文化认同感等方面还缺乏一定思考与提升,在人才培养与科研成果转化方面,与区域经济社会发展合作对接还不够精准。

2.2.3 发展趋势

2015年10月,国务院印发《统筹推进世界一流大学和一流学科建设总体方案》,明确指出坚持以学科为基础,引导和支持高校在学科的结构、发展方向、建设重点、组织模式等方面进行优化、调整、提高,带动学校整体发展。2018年8月,教育部等三部门联合印发《关于高等学校加快"双一流"建设的指导意见》的通知,明确指出鼓励高校之间组建学科联盟,搭建国际交流平台,发挥引领带动作用。

同时,为使得我国高校更加精准对接国家战略需求,我国对于教育现代化以及"双一流"建设提出了新的要求和方向。2019年2月,中共中央、国务院印发《中国教育现代化2035》,提出要扎实推进"一带一路"教育行动,推动我国与国际多边组织及专业机构的教育交流合作。高校国际联盟作为"一带一路"倡议下的重要抓手,联盟的合作宗旨必须紧跟国家战略发展方向。

我国"双一流"建设的实施,使高校之间的竞争愈发激烈。2022年2月,教育部、财政部、国家发展改革委联合印发《关于深入推进世界一流大学和一流学科建设的若干意见》(以下简称《意见》),《意见》指出,立足中华民族伟大复兴战略全局和世界百年未有之大变局,立足新发展阶段、贯彻新发展理念、服务构建新发展格局,全面贯彻党的教育方针,落实立德树人根本任务,对标2030年更多的大学和学科进入世界一流行列以及2035年建成教育强国、人才强国的目标,更加突出"双一流"建设培养一流人才、服务国家战略需求、争创世界一流的导向,深化体制机制改革,统筹推进、分类建设一流大学和一流学科,在关键核心领域加快培养战略科技人才、一流科技领军人才和创新团队,为全面建成社会主义现代化强国提供有力支撑。

2.3 国内高校"一带一路"相关国际联盟的经验与启示

2.3.1 建设经验

"一带一路"高校国际联盟在政府部门以及高校的政策支持下,不断推动各校间的教育交流与合作,进一步提高了我国高等教育的国际影响力和国际化水平。

1. 全方位、多层次、多渠道推进联盟活动内容及形式

"一带一路"高校国际联盟工作主要围绕人才联合培养、科研合作、人文交流等领域进行积极探索,开展了形式多样的活动,主要体现以下几个方面:一是常态化举办校长论坛、专题研讨会、圆桌会议;二是开展暑期课程、教育培训项目、国际竞赛活动;三是共建人才培训基地、共建科研平台、举办国际学术论坛;四是举办特色民族文化主题交流活动。

北京建筑大学充分发挥在建筑类人才培养方面的优势资源与国际专业领域合作经验,于2017年10月发起成立了"一带一路"建筑类大学国际联盟。联盟通过完善联盟工作机制、每年举办联盟会议暨校长论坛、推进联盟成员协同创新研究、打造高质量和有影响力的国际教育合作品牌等有力举措,有效促进了"一带一路"建筑类大学科技创新与教育交流。学校作为联盟秘书长单位和主席单位,设立专项资金用于联盟常任秘书处建设;联合顶尖院校、国际组织和政府机构加强重点领

域的学术交流与合作研究。学校与塞尔维亚诺维萨德大学联合申报的"基于人工智能的中欧班列沿线城市生态环境遥感监测"项目成功入选教育部中国教育国际交流协会"2020年中国—中东欧国家高校联合教育项目"优先资助项目;2020年发起并成立国际科学理事会地学联盟减灾常设委员会;先后打造暑期国际学校、"'一带一路'国际大学生数字建筑设计竞赛""Global-Campus 暑校共享计划"系列品牌。截至2022年11月,已有来自28个国家的74所院校加入该联盟,"朋友圈"版图实现了亚洲、欧洲、美洲、大洋洲、非洲全覆盖。

部分综合型联盟还牵头设立学院子联盟,从而扩大联盟影响力。如2018年起,在"丝绸之路大学联盟"的框架下,由西安交通大学各学院牵头设立能源、先进制造、材料科学与工程、法学、健康、化学工程、机械和航空航天工程、法学院、管理学院子联盟,借助政府、协会平台资源定期或不定期举办具有影响力的校长论坛、专题研讨会、圆桌会议、线上暑期课程、月度研讨会或系列主题活动,与联合国教科文组织共建"国际工程科技知识中心丝路培训基地";与意大利米兰理工大学在中国西部科技创新港共建联合涉及学院等,从而全方位、多层次、多渠道推进联盟的活动内容及形式,从而扩大联盟影响力;同时进行跨学科研讨交流,促进交叉学科的融合发展,以促进有针对性的国际交流合作,提升合作成效,在进行跨学科研讨交流和促进交叉学科的融合发展方面起到了促进作用。

兰州大学整合"一带一路"多语中心、上海合作组织大学生态学牵头高校和俄语学科优势,充分发挥"一带一路"高校联盟平台作用,利用政府与社会优质资源,探索建立高水平区域合作联动机制,实现联盟高质量发展。联盟成立后先后于2016年和2017年在敦煌举行了"一带一路"高校联盟主题论坛,于2018年和2019年在兰州大学举办了生态文明主题论坛及"一带一路"高校联盟论坛暨国际植物育种培训班,于2020年通过线上平台举办了"一带一路"高校联盟论坛,于2021年举办了第六届"一带一路"国际青年论坛暨2021"一带一路"高校联盟论坛。截至2021年12月,已有专业和地区分盟3个,已举办7届联盟论坛。现联盟成员增至178个,覆盖五大洲27个国家。

江苏大学大力推进产教深度融合,通过订单式培养国际人才,校企合作,抱团出"海"。在全国率先成立"一带一路"国际人才培养产学联盟、"一带一路"国际人才学院和"一带一路"产学合作研究院,通过与政府签订协议,设立企业教育基金,共同打造"政府参与、校企合作订单式人才培养"新模式。

"一带一路"中波大学联盟建立"一带一路"中波大学联盟官方网站、举办"艺心相通"中波大学联盟艺术节暨艺术设计大赛(每两年举办一次),并出版大赛作品集、举行"互联互通"中波青年夏令营、"匠心相通"系列国际学术会议、建立"一带一路"中波大学联盟启动国际科研合作项目"人才库"建设、发布《2017—2020年"一带一路"中波大学联盟建设白皮书》等。

2021年11月7日，中国中央音乐学院和奥地利维也纳音乐与表演艺术大学庆祝中奥建交50周年"云端音乐节"开幕音乐会在维也纳音乐厅举行；2021年10月26日，在阿根廷驻华大使牛望道和中国驻阿根廷大使邹肖力的线下与线上共同见证之下，中央音乐学院探戈艺术研究与实践中心正式成立。中国首个探戈艺术专业研究机构的成立，不仅是中央音乐学院与阿根廷国立艺术大学自2019年4月签署战略合作协议以来共同推进的合作成果，也标志着"一带一路"音乐教育联盟的深化发展和勃勃生机。联盟被列入"一带一路"国际合作高峰论坛项目成果清单，教育部国际司批准成立了"一带一路"音乐交流与研究中心，联盟开展了多样化的音乐教育交流和演出，并组织开展了"一带一路"音乐和音乐教育研究课题。

丝绸之路农业教育科技创新联盟联合联盟成员，发挥政府、协会、企业等各方力量及优质资源，增加联盟活动的数量和规模；通过与丝绸之路周边国家高校、科研院所、重点企业加强国际产学研用合作，深化联合培养，提高认识，积极推动联盟与丝绸之路经济带周边国家开展更深入的科技教育合作。一是通过各类农业教育科技合作论坛、联盟校（院）长论坛等学术活动，开展学术交流，完善学术交流平台；二是聚焦后疫情时代全球农业关注的焦点领域开展合作研究。针对后疫情时代，联盟国家间面临的食物安全、资源环境、智慧农业等领域的重点科学和技术问题，构建多渠道合作研究平台；建立联盟国家级间农业技术数字推广示范平台，鼓励联盟单位将本地区先进技术纳入信息库中，借助现代信息开展远程农业技术服务，促进科研成果转化和技术推广，实现先进技术的跨国推广示范；三是各成员单位可根据各自合作意向，在联盟框架下构建多样化、有特色的子联盟等形式的交流计划。

此外，有的"一带一路"高校国际联盟还通过推进学历以及学分互认、学位互授、联合建立实验室和科研平台、联合开发教材、联合举办学术论坛和各类学生设计大赛、推进学科建设和联合实施教师培训等方面开展了务实合作，深度促进各国教育政策的互通互融，教育理念和模式的互学互鉴，以及教育教学成果的共育共享。

2. 专业型、区域型联盟成为特色

联盟不断向专业型、学科性、区域型联盟发展。典型代表为全球最大的双边高校合作联盟——中俄同类大学联盟和形成一定区域特色的中国—东盟高校联盟。据不完全统计，前者联盟数量共计13个，后者数量达到15个，且无论从成立数量上来看，还是专业领域广度上来看，都开创了国际教育合作新局面。其主要原因在于专业型高校联盟为同类大学，即相同特色学科支撑、办学定位基本一致的"同质型"高校，一是有利于联盟高校聚合专业资源，二是可以聚焦实现学科融合发展与同质资源的共建共享，从而更易打造"学科共同体建设"，精准对接"一带一路"建设需求；而区域型高校联盟彼此间在地域上占有一定天然优势，更能聚焦区域联盟发展的机遇,通过院校间实现优势互补,推动区域成员高校间的协同发展,更易构建"特色区域教育共同体",发挥特色区域资源优势,从而服务"一带一路"建设发展新格局。

中俄同类大学联盟以相关重大政策为契机,建立了工程、新闻、教育、经济、艺术、医学、交通等多个学科领域的联盟,中俄大学国际联盟的成立为中俄两国同类、同地区间的高校合作提供了平台,为打造中俄教育共同体提供了合作范式。例如,"中俄医科大学联盟"作为中俄两国建立的规模最大、参与院校最多的合作联盟,由哈尔滨医科大学和俄联邦伊米谢切诺夫莫斯科第一国立医科大学(简称莫医大)共同发起,于2014年7月成立。联盟重点围绕支持双方优势及重点专业科研人员开展科研工作,组织"一带一路"国际化的联合研究团队,在医疗卫生、传染病预防控制和利用传统医学进行疗养和康复治疗等领域开展深入合作。据悉,联盟成员现已达120所,且均为双方著名医学院校,且举行大型国际会议120余场,中俄师生互访交流人数逾5万人次。通过成立中俄医科大学联盟"中俄生物医学联合研究中心"开展实质性合作研究,与俄方院校共签署40份科研合作协议,共同申报国家国际科技合作专项5项。

与此同时,中国—东盟高校联盟在推动中国—东盟教育交流合作方面取得了丰硕的成果。我国面向东盟发起成立的涉及智库、艺术、旅游、卫星导航、铁路等领域的高校国际联盟组织,吸引了众多东盟高校加入。比如,桂林电子科技大学以北斗卫星导航系统在广西及东盟的应用为切入点,创建了国内唯一一家卫星导航产业国际组织"中国—东盟卫星导航国际合作联盟",与多家东盟地区高校和企业建立了联合实验室;再如,由中国—东盟中心、桂林旅游学院联合中国和东盟18个旅游院校及企业共同发起中国—东盟旅游教育联盟,联盟主张助力"一带一路"建设,结合"2017中国—东盟旅游合作年",共建中国—东盟旅游教育共同体,围绕加强中国和东盟旅游院校合作,提高人才培养质量,服务区域经济建设和社会发展,更好地为中国—东盟区域旅游合作、产业发展和社会进步作出贡献。

3. 联盟日渐成为教育对外开放及相关政策落实的重要抓手

联盟具有桥梁和纽带作用,对于凝聚各国智力资源、形成发展合力、打造对外开放新高地具有重要的现实意义。同时,政府部门的引导以及协调服务职能,也为打造对外开放新高地提供了新动能,支持联盟做优做强。例如,2013年11月,由26所中国和俄罗斯经济类高校共同组成的"中国—俄罗斯经济类大学联盟"在对外经济贸易大学正式成立。联盟的成立既是中俄两国政府加强教育领域合作的全新战略,又是两国经济类高校推进国际化发展的内在需求,旨在为中国和俄罗斯两国经济类高等教育和研究机构搭建学术合作平台,联合开展科研和人才培养等方面的深入合作。

2015年5月,国家主席习近平与俄罗斯联邦总统普京共同宣布2016年和

2017年为"中俄媒体交流年",中俄高校正是以此为契机建立了"中俄新闻教育高校联盟",联盟的成立正是中俄两国在新闻传播、文化交流、国际话语体系构建等方面具有战略意义的重大举措。

2016年7月5日,在时任中国国务院副总理刘延东与时任俄罗斯副总理戈洛杰茨的共同见证下,北京大学与莫斯科国立大学签署了《关于成立中华人民共和国与俄罗斯联邦综合性大学联盟的共同宣言》,倡议成立中俄综合性大学联盟。两国综合性大学在中国"一带一路"倡议和俄罗斯《欧亚经济联盟》发挥了重要作用,有效增进了中俄两国青年学生间的友谊与合作,联盟在两国战略指导下开展系统性合作,深化中俄高校间实质性交流。

为加快和扩大新时代教育对外开放,深入推进与"一带一路"共建国家的国际交流与合作,在教育部及地方政府的指导下,在中国—乌克兰政府间委员会教育分委员会第四次会议之际,借"2021年国际产学研用合作会议"之机,秉承"世代友好、务实合作、开放办学、互利共赢"的原则,提出于2021年6月在中国大连正式成立中国—乌克兰大学联盟。

同时,据不完全统计,中国—东盟院校国际联盟中有8个由广西院校发起。联盟的建立与广西壮族自治区政府积极探索构建与东盟国家(地区)的院校联盟密切相关,同时,广西壮族自治区人民政府门户网站还专门设置"广西与东盟"板块,可见对于东盟国家(地区)的重视程度。我国广西地处"一带一路"倡议交会对接的重要节点和关键区域,毗邻越南、缅甸、老挝等3个东盟国家,其充分发挥与东盟国家陆海相邻的独特优势,积极开展面向东盟的职业教育务实合作,日渐成为中国—东盟人文交流的重要窗口,推动了区域协同发展,为服务区域经济发展、服务"一带一路"建设作出了突出贡献。已建立的高校国际联盟组织包括智库、艺术、旅游、铁路、农业等多个领域,吸引了众多东盟高校加入,在大力培养"一带一路"建设所需的各类技术技能复合型人才,推动中国—东盟命运共同体建设方面具有一定借鉴意义。

4. 联盟初步形成组织架构、运行机制

高校国际联盟是大学间开展有组织的交流互动、彼此分享各自的优势资源、学科建设及人才培养经验,通过统整内部优势资源、发挥群体集聚效应、开拓高校快速全面发展的新渠道。以科技创新引领国际化发展,提升联盟各成员内生发展动力,从而在世界高等教育舞台不断提升我国的学术水平和学术声誉,增强我国高等教育国际影响力。鉴于高校国际联盟具有自发性、组织松散性等特征,为保障联盟作用有效发挥,联盟各成员通过约定权益和义务,明确宗旨及动机,结成共同发展、稳定互利的合作关系,建立形成决策机构、执行机构及议事规则。主要表现为:一是大部分联盟已形成联盟章程和框架协议,用于指导联盟工作;二是联盟通常设置理事会、常务理事会和秘书处,秘书处一般由发起院校的国际处兼任。理事会和常务理事会为联盟决策机构,秘书处为联盟常设机构,秘书处下设若干工作机构和分支机构,负责协调和处理联盟日常事务。如"'一带一路'建筑类大学国际联盟",建立了较为健全的管理机制,成立之初即起草并制定了联盟章程,并实行了理事会制度,负责相关重要事项的决策;理事会下设立秘书处,负责项目的前期沟通和后期执行。通过正式对外发布《"一带一路"建筑类大学国际联盟发展宣言》《"一带一路"建筑类大学国际联盟五年行动计划(2021—2025)》等管理文件,不断校准联盟的发展方向,进一步增强共识;同时,还通过设有轮值主席、设立区域主席,加强促进联盟成员间的交流合作,促进区域特色发展。

5. 促进文明交流互鉴与民心相通

文明交流互鉴在推动人类文明进步和世界和平发展方面意义重大,同时也是促进"一带一路"共建各国民心相通的重要桥梁。在促进异质文明与文化对话交流与互学互鉴方面,高校国际联盟起到了促进作用。例如,全球音乐教育联盟自成立以来,联盟始终以"讲好中国故事,传播好中国声音"以及"加强我国国际传播能力建设"为使命,为北京"全国文化中心、国际交往中心"建设贡献力量,提升中国音乐文化的国际传播力,塑造可信、可爱、可敬的中国形象,举办了包括"青少年艺术展演""高等音乐院校教学示范展演""全球音乐教育联盟院校招生季"等活动。再如,世界纺织大学联盟以"弘扬合作精神,促进人文交流"为宗旨,通过平台搭建、政策分析、项目开展等工作,加强全球纺织高等教育的交流互鉴,促进纺织服装及相关产业的科技进步、艺术设计水平提升,为人才培养、繁荣发展贡献智慧力量,并提高社会整体认知和应用水平。

为了满足共建国家汉语学习需求,促进中国文化的传播,作为"丝绸之路农业教育科技创新联盟"的发起单位,西北农林大学获批承办了白俄罗斯巴拉诺维奇国立大学孔子课堂,西南大学成立西南大学—哈萨克斯坦国际关系与外国语大学孔子学院等。联盟成立后致力于发掘海内外各种社会资源,形成以政府为主导、海内外民间力量为主流、教育机构为基础的语言文化交流资源共享、合力共建机制;致力于借助语言和文化服务平台,推动中国与"一带一路"共建国家民心相通,并以此为目标实现高校与企业之间的良性互动,共同开展务实有效的、特色鲜明的语言文化体验活动,培养出具有深厚的人文素养和跨文化沟通能力、具有中华文化传承使命担当意识和人类命运共同体建设责任感的语言文化传播专门人才,推动"一带一路"共建国家发展民族传统文化,创新民族文化,最终形成"一带一路""日常而不自觉"的文化生态,形成"百花齐放、百家争鸣"的文化盛况。

2.3.2 发展启示

1. 加强政策支持与供给,引导联盟健康有序发展

顶层设计对于联盟发展具有方向性和引领作用。加强联盟顶层设计,须从全

局角度出发，对联盟各层次与各要素统筹规划，从而集中有效资源，使联盟实现健康可持续发展。清晰的规划蓝图能够使我国高校精准地把握行动方向，明确目标和具体步骤，从而减少行动的盲目性。换言之，联盟如果缺乏在战略层面的顶层设计，则会导致联盟的方向最终偏离既定轨道或动力不足。因此，顶层设计应对政府和高校作更加准确的定位，高校不能替代政府角色，政府也不能替代高校角色，两者须共同发力才能使联盟健康高效发展。此外，还应注重建立科学健全的管理制度，使联盟管理有章可循、有法可依。当前制度的不健全、不规范以及不科学是限制联盟健康有序发展的重要原因。同时，联盟内科研与学术合作、师生与文化交流活动的参与均需要经费支持，而大部分高校与所在联盟少有专项资金，部分专项资金力度不够且申请程序烦琐，降低了相关院校或人员参与的积极性。

政府层面来讲，应充分发挥其宏观调控职能，进行顶层规划和整体设计，同时加强对联盟的引导与支持力度。一是加强"一带一路"高校国际联盟研究，与高校联合建立相关服务智库，出台明确的"一带一路"高校战略联盟建设发展的顶层设计方案，明确指导思想和保障机制；二是加强联盟的统筹管理和项目资助，通过设置专项基金、课题项目或鼓励调动社会资源支持优质的高校联盟，同时对于重点项目还应进行专业论证和后期评估。

2. 强化机制与国别研究，确保精准交流与合作

政府通过优化外部制度环境，进一步释放了高等教育治理空间，确保高校国际联盟与我国发展的战略重点保持一致，政府的适度参与统筹，优化了经费和人力资源，最终促进联盟之间的协作与共生。对于高校而言，还应主动发挥主体作用，精准落实政府对于发展战略的政策要求，不断完善联盟运行及协调机制，成为"一带一路"建设在建言资政、学术创新以及交流合作等方面的重要智库。一是为自身联盟设计出长期规划、中期以及短期计划，明确各阶段的具体任务，确保联盟高效有序发展，同时以制度约束来保障联盟稳定高效运行；二是加强联盟机制与国别研究，精准对接国家重大发展战略以及共建国家经济发展需求，针对不同成员高校的不同发展现状和诉求，挖掘共同面临的前瞻性与现实性问题，从而激发合作动力，寻求共同的利益契合点；三是在联盟内部形成责任划分与奖惩机制，从而推进利益合理分配；四是推进产教融合，引入市场力量，积极探索联盟经费的多种渠道和资源，加大高校间科研创新成果产出及转化力度，加快推进产学研用深度融合，赋能联盟高质量发展。如与企业构建具有实际产出效益，以协同育人、协同科创为内核的"产—学"新机制，以科技成果转化方式寻求投资和启动资金，或通过与企业签订合作协议等，使企业将高校科研成果转化投入到市场，更好地服务"一带一路"建设。

3. 搭建对外宣传平台，打造联盟特色品牌

我们在调研中发现，一小部分联盟在成立后便"销声匿迹"，未能在有关新闻或网站中得知其后续的活动信息。有的高校国际交流合作内容虽较为丰富，却使

得国际处与联盟"分家",未使联盟与国际化工作有机结合起来,使之在联盟框架下开展工作。联盟与高校国际处两者间应为"既统一,又独立"的关系,只有充分利用好联盟平台,使得国际交流工作在联盟框架下开展,才能达到真正的"搭建平台、整合资源、优势互补、相互促进"的作用。其次,一些联盟未能形成很好的品牌,活动单一、宣传不到位,影响力不足,使可发展的潜在高校不能很好地了解联盟的基本情况,联盟的活动内容只能通过零散的新闻报道得知,大大降低了吸引力和影响力。目前,约有三分之一的联盟建立了官方网站或信息平台,同时已建网站中普遍存在信息更新滞后,或者仅有板块无相关介绍内容等问题,使得联盟平台不能很好起到宣传和示范作用。

为充分发挥联盟的"桥梁"和"纽带"作用,高校首先应将国际交流和科研合作等系列活动放在联盟框架下开展,在丰富联盟活动内容的同时,进一步提升学校国内、国际影响力和吸引力,真正做到共同打造"一带一路"高等教育共同体,推动共建国家大学间在教育、科技、文化等领域的全面交流合作,从而促进、服务共建国家的经济社会发展的作用。其次,联盟须加强对外宣传体系建设:一是建立专门或完善联盟官方网站的建设与运营,积极、及时宣传相关成果和合作动态,面向政府、企业和社会主动公开相关成果,从而增强联盟活力及吸引力,打破高校间的信息壁垒,及时宣传重大成果或重要活动,吸引潜在高校的加入。二是联盟应在加强自身宣传的同时,承担起对我国高等教育发展现状,特别是我国优势学科及专业的宣传推广作用,在国际高等教育舞台上更多地传递中国声音,讲好中国故事,提升我国高等教育的国际影响力,使更多的优质院校能够重视我国高等教育,愿意与我国高校进行合作,同时,互动的公平甚至是收益,才能吸引更加优质的合作伙伴,从而增强联盟的活力和实效。

4. 加强文化交流,促进民心相通

在这个全球化的时代,全球人口流动速度加快,一国内部的民族问题往往与国际社会的文明冲突错综复杂地交织在一起,但应认识到,国际理解是世界和平的基础。特别是经济全球化更加增强了各国各民族之间的交往和互相依赖,所以需要互相理解,互相学习,互相沟通。人文交流是促进"民心相通"的重要途径和桥梁,在增强制度约束的同时,各国高校间通过积极开展各领域的交流合作,促进了人与人、校与校乃至国与国之间在思想观念、情感方面的沟通理解,增强了各国高校民族间的友谊与认同感。一方面联盟内部应加强人力资源队伍管理,在提升管理人员的跨文化交际能力、提升国际化发展认识以及国际规则方面组织相关培训,加强推动汉语在"一带一路"共建国家的传播,提升汉语的地位和影响力;另一方面联盟还应注重加强活动与民族文化相融合,注重传递中国文化与中国故事,在国际高等教育舞台发出中国声音,从而为推进务实合作,助力联盟高效发展,推动民族团结和凝聚共识,促进世界和平、构建人类命运共同体建设做出积极贡献。

2.3.3 未来展望

我国作为世界第二大经济体,在世界政治、经济、文化、军事等领域发挥了先导作用。"一带一路"倡议不断提升了我国对外开放水平。我国高校的使命与愿景就是要通过积极探索高等教育机制体制的改革创新,促进知识的创造与传播,培养具有全球胜任力的创新人才,使我国高等教育能够走近世界舞台的中央,提高我国高校的国际话语权,积极参与全球高等教育的竞争合作,最终服务于国家建设,服务于世界文明。

"一带一路"倡议背景下的高校国际联盟作为高等教育国际交流合作的一种新范式,必将为推动"一带一路"倡议向纵深发展提供强有力的人才及平台支撑。高校国际联盟须真正地整合各方优质资源,培养高素质人才,聚焦共建国家高校间在科学研究方面的深度交流和实质性合作,才能真正发展成为支撑国家战略发展需求、服务"一带一路"建设的智库新高地。我国"一带一路"高校国际联盟本着"共商、共建、共享"的原则,将以"一带一路"倡议为契机,以扩大中国的影响力、提升中国大学的知名度与世界一流大学的建设进程为目的,为实现教育共同体作出贡献。

参考文献

[1] DICKSON P H, WEAVER K M. Environmental Determinants and Individual-Level Moderators of Alliance Use [J]. Academy of Management Journal, 1997, 40(2):404-425.
[2] 董志惠,沈红. 论中国大学战略联盟[J]. 教育发展研究, 2006(3):48-50.
[3] BEECHLER S, WOODWARD I C. The global "war for talent"[J]. Journal of International Management, 2009 (15):273-285.
[4] 闫月勤,郑淳,王海超."一带一路"高校国际联盟建设:成效、问题与建议[J]. 世界教育信息, 2021, 34 (5):53-61.
[5] 徐小洲. 我国高等教育对外开放的成就、机遇与战略构想[J]. 高等教育研究, 2019, 40(5):1-9.
[6] 郯红霞,刘宝存."一带一路"教育共同体构建与区域教育治理模式创新[J]. 湖南师范大学教育科学学报, 2018, 17(6):37-44.
[7] 朱以财,刘志民."一带一路"高校战略联盟建设的现状、困境与路径[J]. 比较教育研究, 2019(9):3-10.
[8] 刘志民,朱以财."一带一路"高校战略联盟发展的实然审视与应然向度[J]. 高校教育管理, 2020, 14 (1):16-28.
[9] 张春月,樊媛."一带一路"视域下跨国大学联盟的发展:以"一带一路"中波大学联盟为例[J]. 世界教育信息, 2019(3):30-35.
[10] 郑淳,张铎,任新红."一带一路"背景下铁路行业高校国际联盟的建设路径与国际化能力提升策略探析:以"'一带一路'铁路国际人才教育联盟"为例[J]. 世界教育信息, 2020, 33(3):26-32.
[11] 郑淳,闫月勤,杨帆. 关于"双一流"背景下高校国际联盟发展的思考:基于对30所"一流大学"建设高校的实证研究[J]. 上海教育评估研究, 2020, 9(5):62-68.
[12] 范国睿. 教育生态学[M]. 北京:人民教育出版社, 2000.

3 "一带一路"建筑类大学国际联盟实践与探索

3.1 发起背景与意义

为积极响应国家"一带一路"倡议,深入贯彻落实北京市《新时期北京教育对外开放工作规划(2016—2020)》和《北京市对接共建"一带一路"教育行动计划实施方案》等文件精神,北京建筑大学发起并于2017年10月10日成立了"一带一路"建筑类大学国际联盟(简称"联盟")。来自俄罗斯、波兰、法国、美国、英国、亚美尼亚、保加利亚、捷克、韩国、马来西亚、希腊、尼泊尔、以色列等19个国家的44所大学成为联盟首批成员。

3.1.1 坚持未来导向,建设面向未来的建筑类大学国际联盟

北京建筑大学从高等教育国际合作新使命、"一带一路"倡议推进、建筑业转型升级及首都北京新定位4个方面入手,把准建筑类大学发展的未来导向,致力于建设面向未来的建筑类大学联盟。

1. 人类命运共同体理念为高等教育国际合作提出了新使命

最近几年,西方国家"去全球化"或"逆全球化"浪潮汹涌,英国脱欧和美国退出联合国教科文组织无疑对高等教育国际合作产生影响。在世界处于大发展大变革大调整时期,高等教育国际合作需要先进价值与理念的引导。人类命运共同体理念对高等教育合作具有规范和引领作用。人类命运共同体理念是中国基于世界的历史经验和时代发展的新趋势提出的新型国际关系原则,其蕴含的价值观念对于审视和促进当前高等教育国际交流与合作具有重要的理论意义,也为未来世界范围的高等教育国际合作指明了前进方向。

战胜人类发展面临的各种挑战,需要各国人民同舟共济、携手努力。教育应该顺此大势,通过更加密切的互动交流,促进对人类各种知识和文化的认知,对各民族现实奋斗和未来愿景的体认,以促进各国学生增进相互了解、树立世界眼光、激发创新灵感,确立为人类和平与发展贡献智慧和力量的远大志向。人类命运共同体为教育国际合作提供了前所未有的广阔空间和发展机遇,同时也是全人类和世

界各国人民的共同福祉。

高等教育国际合作在构建世界新秩序中承担着应有的责任与担当,人类命运共同体为高等教育国际合作提出了新使命。教育国际合作需从维护全人类利益的高度出发,在原有的双边或多边基础之上能超越性地、在更高层面上推动高等教育机构的发展。超越大学边界,拆掉物理上的围墙,切割合作前沿,不断拓展合作的边疆。

构筑学术共同体。以人类命运共同体为引领构建学术共同体,要通过整合组织内部与外部环境,拆除校园的围墙,设立不同国家行为体之间的"知识联盟",实现知识要素在大学中的创造、共享和转移。加强大学的国际合作,促进知识的互动与整合,不断刺激知识创新和优化知识共享;保持开放系统,构筑广阔的、多样化的国际文化交流网络平台,促进与不同国家和地区教育机构的交流与对话;创设全球伙伴关系网络,承担引领人类应对全球性挑战的全球责任;充分发挥知识先锋作用,从理论和实践上为影响世界社会经济变化的政策制定提供方案。

构筑世界青年共同体。青年是人类命运共同体的未来。以人类命运共同体为引领,大学需要为青年搭建平台,促进不同国家青年的交流,通过互派交流、联合培养等方式,提升人才培养的国际化水平,在交流中增进青年的国际理解、国际认同。院校需要加强青年学生的国际理解教育,帮助学生理性认识不同国家的不同文化,引导学生关注人类面临的共同问题和挑战,提升学生的开放、平等、尊重和包容的国际视野,养成国际使命感和责任感。

构筑社会责任共同体。院校和教育机构首先应该保持强烈的国家和社会责任担当,加强对国家和社会的关注,积极为本国社会发展服务,自觉履行对国家的命运和前途负责的使命。其次,承担必要的国际责任并作出相应的世界贡献,搭建交流与合作互动机制,充当多元文化沟通与融合的桥梁,促进不同文明间的对话和交流。促成全球伙伴关系网络,以汇聚共同利益和人类福祉为基础拓展协同合作空间,共同解决全球性问题。积极向国际社会提供非竞争性和非排他性特点的国际公共产品。克服"集体行动的逻辑",积极为形成公平正义的世界秩序作贡献。

《学会生存——教育世界的今天和明天》一书中提出,"不同发展水平的一切国家都应该共同努力走向国际团结的道路,教育的发展依靠各个国家提供的教育资源,在世界共同体内通过合作与教育所得到的好处对于所有国家都是有益的"。全球化的深入发展加速各类资源在全球范围内的流动调配,全球性挑战的出现需要高等教育领域通力合作贡献解决方案。作为一种高等教育领域的组织制度创新模式,国际大学联盟已然成为大学获取优质资源、参与全球治理的重要平台。

2. 推进共建"一带一路",为推动区域教育大开放、大交流、大融合提供了大契机

2016年4月,中共中央办公厅、国务院办公厅印发《关于做好新时期教育对外开放工作的若干意见》,强调"坚持扩大开放,做强中国教育,推进人文交流,不断

提升我国教育质量、国家软实力和国际影响力"。2016年7月,教育部印发《推进共建"一带一路"教育行动》的通知,将"扩大开放"作为"一带一路"共建国家教育合作的愿景之一,"支持在共同区域、有合作基础、具备相同专业背景的学校组建联盟,不断延展教育务实合作平台",号召"一带一路"共建国家聚力构建"一带一路"教育共同体,形成平等、包容、互惠、活跃的教育合作态势,促进区域教育发展,提高教育影响力。

2017年5月,举世瞩目的"一带一路"国际合作高峰论坛在北京成功举办,会议强调坚持以和平合作、开放包容、互学互鉴、互利共赢为核心的丝路精神,将"一带一路"建成和平之路、繁荣之路、开放之路、创新之路和文明之路。与会各方对外发出了合力推动"一带一路"国际合作、携手共建人类命运共同体的积极信号,这一次高峰论坛进一步明确了未来"一带一路"共建国家的合作方向,规划了"一带一路"建设的具体路线图,确定了一批"一带一路"即将实施的重点项目。

"一带一路"倡议有3个内涵要义:一是突出互联互通的21世纪特色;二是建设经济发展带;三是得道多助,互利多赢。"一带一路"是合作发展的理念和倡议,是和平合作、开放包容、互学互鉴、互利共赢的理念,为共建国家和地区带来共同的发展机会,拓展更加广阔的发展空间。

少年强则国家强。各国青年的互鉴交流、开拓创新是实施"一带一路"倡议、推动"一带一路"可持续发展的重要力量。我们要坚持为互联网时代的各国青年实现他们的青春梦想而搭建更多合作平台,开辟更多合作渠道,推动高等教育实质国际合作,提升高等教育合作水平。

鉴于此,我们需要以教育联盟、区域合作的形式,推动"一带一路"教育共同体的发展。

3. 实现建筑业转型升级的当务之急是培养建筑类国际化专业人才

自1949年以来,建筑业持续快速发展,规模不断扩大,实力不断增长。据统计,2020年,全国建筑业总产值超过26万亿元,是1952年的4631倍;全社会建筑业增加值72996亿元,是1978年的500多倍。建筑业作为国民经济的支柱产业地位非常稳固,"中国建造"技术和品牌在创新中实现腾飞蝶变。但同时,建筑业也面临"能耗高、污染重、效率低"及"管理粗放、劳力欠缺"等多重困境,建设项目的节能、环保、可持续发展等问题已成为全世界建筑领域都迫切需要解决的问题。

1949年,中华人民共和国成立之时,我国城市化率仅有10.64%;经过漫长而曲折的城市发展时期,到1981年才增加到20.16%;改革开放40多年以后,城市化率在2016年达到了57.35%,预计到2030年将达到70%。虽然与世界发达国家80%左右的城市化率相比,还有很大差距,但是对于中国而言,这是巨大的城市化发展。

为了实现这个目标,中国建筑业必须实现向信息化、绿色化、工业化的转型升级,具体包括:2020年,新建建筑中的50%达到绿色建筑要求;以推广装配式建筑为重点,大力推动建造方式创新;装配式建筑比例达到30%,钢结构比例达到10%。

2017年,国务院办公厅印发《关于促进建筑业持续健康发展的意见》指出,"统筹协调建筑业'走出去'……有目标、有重点、有组织地对外承包工程,参与'一带一路'建设。"近年来,我国对外承包工程业务取得了跨越式的发展,规模快速扩大,合作领域不断拓宽。越来越多的企业走出国门,需要一大批具有国际视野的复合型、技能型人才作为支撑。

基础设施互联互通是"一带一路"建设的优先领域。随着"一带一路"倡议的实施,机场、港口、道路、铁路、城镇化等基础设施建设快速推进,共建国家对于建筑类专业人才的需求日益迫切,急需加强建筑类国际化专业人才的培养。作为建造大国和建造强国,中国有责任引领建筑类国际化专业人才的培养和交流。

4. 积极参与和服务"一带一路"建设是北京国际交往中心建设的重要内容

在全球化背景及"一带一路"倡议下,国际化、智慧化愈加成为城市发展的趋势和目标。互联互通客观要求城市加速成为国际交往的重要行为体,而嵌入国际体系的城市也能更好地在其独特的城市性格和资源基础之上发挥更加积极的作用。北京作为首都,在推进国际交往中心建设方面具有极大的现实意义。

北京已率先开启并深化城市国际化进程。在由全球化与世界城市(GaWC)研究网络编制的《世界城市名册》中,北京多年位列A+等级,与伦敦、纽约等均为世界一线城市。

为进一步提升北京的国际化,2016年北京市"十三五"规划依据《中共中央关于制定国民经济和社会发展第十三个五年规划的建议》《京津冀协同发展规划纲要》等文件精神,在第一章便明确了全国政治中心、文化中心、国际交往中心、科技创新中心的城市战略定位和建设国际一流的和谐宜居之都战略目标。2017年9月起实施的《北京城市总体规划(2016年—2035年)》提出,要加快推进国际交往中心及世界级城市群建设。作为世界级城市,北京推进国际交往中心建设,尤其值得关注。

积极参与和服务"一带一路"建设是"加强国际交往中心设施和能力建设"的重要内容之一,也是北京推进高水平对外开放建设的重要支撑。随着"一带一路"倡议的深入发展,北京在推进与"一带一路"共建国家合作中发挥了重要作用。

《北京市推进共建"一带一路"三年行动计划(2018—2020年)》"支持在京院校与共建国家学校组建联盟,缔结友好学校,共同加强人才培养和学科建设",提升北京在"一带一路"共建国家的国际影响力和国内国际资源综合配置能力,对于推进北京国际交往中心建设和参与全球治理具有重要战略意义和现实意义。

3.1.2 坚持问题导向,建设共同应对挑战、分享机遇的建筑类大学国际联盟

北京建筑大学站在积极推动建筑类国际化人才培养和教育科研交流的角度,以自身为例,分析建筑类大学发展面临的挑战与机遇,把准建筑类大学发展的问题导向,致力于建设共同应对挑战、分享机遇的建筑类大学联盟。

在当今世界多极化、经济全球化、信息网络化、文明多元化的背景下,全球高等教育正在发生深刻变化,其中一个典型的特征是全球大学正面临着许多共性问题。建筑类大学发展也面临着许多共同的挑战与机遇。

北京建筑大学是北京唯一的建筑类高校,是北京市和住房城乡建设部共建高校,是一所具有鲜明特色、以工科为主的多学科性大学,是"北京城市规划、建设、管理的人才培养基地和科技服务基地"和"国家建筑遗产保护研究和人才培养基地"。1999年与法国政府共建中法能源培训中心,截至到2017年,该大学已与28个国家和地区63所大学建立长期合作关系,拥有"北京未来城市设计高精尖创新中心""代表性古建筑与古建筑数据库""教育部工程研究中心"等26个省部级高端科研平台,特别是针对丝绸之路沿线建筑遗产保护开展了大量极具价值的研究和保护工作,先后完成了世界最大的线性遗产廊道项目——丝绸之路新疆地区古代寺庙遗址保护规划、长城保护规划、云冈石窟保护研究以及柬埔寨周萨神殿保护维修工程等多个世界文化遗产项目的保护规划等工作。"一带一路"倡议提出以来,北京建筑大学与"一带一路"共建国家高校开展了广泛合作,发展了一批新的友好伙伴高校,签署校际合作协议,双方进行师生交流、开展科研合作、共同举办国际会议,开启了交流合作的新篇章。学校主办了北京城市设计国际高峰论坛、建筑与土木热点问题国际研讨会、中俄白地下工程科技研讨会、亚太城市建设与管理实务论坛、"空间数据基础设施建设与应用"国际研讨会、"一带一路"历史建筑摄影·手绘艺术展等。

2016年,学校获得北京市教委"一带一路"共建国家留学生专项奖学金,用于资助"一带一路"共建国家有志青年来京留学。2017年9月,学校成为北京市首批"一带一路"共建国家人才培养基地,获得专项资金进行国际建筑土木工程师人才培养和学科建设。北京建筑大学还聘请了多位知名国际专家驻校讲学,派出"教师能力提升团组"赴外进修,带动学校科研合作水平和教师整体能力提升。这些工作均为成立"一带一路"建筑类大学国际联盟奠定了良好的基础。

北京建筑大学面临难得的4个重大发展机遇,一是"一带一路"倡议加快"一带一路"基础设施建设;二是中国的建筑业向信息化、绿色化、工业化转型升级;三是首都北京新定位,建设世界一流的和谐宜居之都;四是京津冀协同发展,加快建设雄安新区。这要求学校努力建设国际知名的开放式、创新型建筑大学,要求学校

推进与各个国家的大学全面交流与合作,推动教育综合改革和教育国际化进程,搭建国际化人才培养、科研协同创新及人文交流的开放共享平台。

同时,北京建筑大学面临着 3 个主要问题:第一,在顶层设计方面,世界眼光、国际标准意识还不够。需持续加强"请进来"与"走出去"的有机统一,在引进海外人才资源、教育资源的同时,大力鼓励科研人员、教师、学生等积极融入其他国家的教育领域和劳动力市场,积极参与全球教育治理体系,如将教育资源输出到其他国家,并形成中国的国际教育品牌和国际教育网络等。第二,在学科建设方面,学科专业划分过细,割裂了多学科的有机融合。例如,面对智慧城市这个多学科交叉课题,仅靠单一学科、单一专业是解决不了问题的,我们需要计算机、信息控制、环境、建筑、土木等不同学科和专业的人才。因此,我们回归"大学科"和"多学科"的理念,提出一个新概念,叫"新工科"。新工科建设强化理念引领,促进科学教育、人文教育与工程教育的有机融合,注重培养学生的家国情怀、国际视野、法治意识、生态意识和工程伦理意识等。这就需要高校不同专业之间,高校与行业、企业共同行动,主动实现现有工科的交叉复合、工科与其他学科的交叉融合,积极发展新兴工科,推进信息技术和教育教学深度融合。第三,在学生培养方面,创新实践解决复杂问题能力培养不足。目前,工程领域有两大国际认证体系在全球占主导地位,一是由国际工程联盟(International Engineering Alliance,IEA)管理的《华盛顿协议》(Washington Accord,WA),二是由欧洲工程教育专业认证网络(European Network for Accreditation of Engineering Education,ENAEE)建立的欧洲工程教育专业认证(European Accredited Engineering Programs,EUR-ACE)体系。前者致力于 4 年制本科工程教育的国际互认工作,后者专注于欧洲乃至全球范围内学士和硕士层次的工程教育专业认证工作。IEA 与 ENAEE 虽然各自保持独立的认证体系,但也在多方面进行交流合作。两者共同强调的一点就是,工程教育要以学生为中心,培养学生通过理论分析解决复杂工程问题的能力,而且要将这个能力的培养贯穿学生成长的全过程。

▲3.1.3　坚持目标导向,建设创新合作机制的建筑类大学国际联盟

北京建筑大学把准建筑类大学发展的目标导向,即建设创新型建筑大学、建设一流建筑类学科、培养具有国际视野和通晓国际规则的一流建筑类创新人才,致力于建设创新合作机制的建筑类大学联盟。

高等教育肩负着人才培养、科学研究、社会服务、文化传承创新和国际交流合作的重要职能,在应对全球性挑战、破解时代性课题、实现人类可持续发展等方面发挥着不可替代的重要作用。

"一带一路"建筑类大学国际联盟的成立就是大学第 5 大基本职能——国际交流合作的体现。实际上,国际交流合作职能贯穿在人才培养、科学研究、社会服务、

文化传承创新 4 个方面,也是实现人才培养、科学研究、社会服务、文化传承创新等职能的重要载体和渠道,每个方面都需要国际交流与合作,都需要互联互通,资源开放与共享。

因此,建筑类大学发展的途径选择就是开放、创新、合作。开放是实现提质转型升级的必由之路;创新是实现内涵发展特色发展的最大动力;合作是实现 $1+1>2$ 的最有力举措。

为落实共建"一带一路"理念,创新合作机制,培养建筑类创新人才,北京建筑大学发起成立"一带一路"建筑类大学国际联盟,坚持"共建、共享、共赢"原则,重点从以下五个方面全方位推动联盟合作,互联互通。

第一,在教育管理与服务方面,我们要推进各国高校发展战略和愿景对接,促进教育的理念和资源互通,共建合作办学及学分互认项目。

第二,在创新型人才培养方面,我们要开展多形式的合作,比如,暑期学校、工作营、交换学习、短期访学、海外实习等。

第三,在教师能力提升与发展方面,我们要加强教师互派、长短期访学、学术交流研讨等。

第四,在科技创新与社会服务方面,我们要共同开展国际合作项目研究,共建国际学术研究基地。

第五,在文化桥梁与纽带方面,我们要推进主题交流研讨及语言培训等。

3.2 联盟目标与宗旨

2017 年 5 月,北京建筑大学发出了《关于构建"一带一路"建筑类大学国际联盟的倡议书》,起草了《联盟章程》,迅速得到了国内外各兄弟院校的积极响应和大力支持。2017 年 10 月,"一带一路"建筑类大学国际联盟在北京建筑大学成立。来自俄罗斯、波兰、法国、美国、英国、亚美尼亚、保加利亚、捷克、韩国、马来西亚、希腊、尼泊尔、以色列等 19 个国家的 44 所大学成为联盟首批成员。其中既有安徽建筑大学、北京建筑大学、河北建筑工程学院、吉林建筑大学、山东建筑大学、沈阳建筑大学、天津城建大学、西安建筑科技大学等国内传统建筑类高校,也包括亚美尼亚国立建筑大学、保加利亚索非亚土木建筑及大地测量大学、法国马恩·拉瓦雷大学、法国英科工大联盟集团、英国德比大学、希腊塞萨洛尼基亚里士多德大学、以色列贝扎雷艺术与设计学院、韩国大田大学、马来西亚理工大学、马来西亚大学联盟、尼泊尔工程学院、波兰华沙生态与管理大学、波兰华沙理工大学、莫斯科国立建筑学院、圣彼得堡国立建筑大学、俄罗斯建筑土木科学院、美国夏威夷太平洋大学等国外院校。

2021 年 11 月,第五届联盟年会正式发布《"一带一路"建筑类大学国际联盟发展宣言》和《"一带一路"建筑类大学国际联盟五年行动计划（2021—2025年）》，以更加清晰的规划和实施路线来推进"一带一路"共建国家建筑类高校的交流与合作，助力教育综合改革和教育国际化进程，搭建国际化人才培养、科技协同创新及人文交流平台。

联盟是按照"自愿平等、开放共享、合作共赢、创新发展"的原则自发组织的非营利性合作组织，将致力于高素质、国际化工程技术人才培养；致力于服务"一带一路"共建国家城乡建设；致力于以科研项目和技术创新为牵引，创新合作机制，打造跨国界多校对社会的协同创新平台，促进资金、产品、人才和服务的跨国界流动；致力于促进大学间跨国界的人员和文化交流，鼓励大学间人员跨国界流动，联合举办各类学术会议、科技竞赛以及开展各项汉语推广活动等。

3.2.1 关于构建"一带一路"建筑类大学国际联盟的倡议书

一、目的

为了积极响应国家发展改革委、外交部、商务部联合发布的《推动共建丝绸之路经济带和21世纪海上丝绸之路的愿景与行动》，切实贯彻落实中共中央办公厅、国务院办公厅印发的《关于做好新时期教育对外开放工作的若干意见》，教育部《推进"一带一路"教育行动》，北京市《新时期北京教育对外开放工作规划（2016—2020）》和《北京市对接共建"一带一路"教育行动计划实施方案》等文件精神，北京建筑大学建议并发起构建"一带一路"建筑类大学国际联盟（以下简称"联盟"）。该联盟旨在搭建建筑教育信息共享、学术资源共享的交流合作平台，探索跨国培养与跨境流动的人才培养机制，促进联盟高校之间的流动。联盟成员将协同创新，共同开展建筑领域合作与交流，共同创新联合机制，共同打造政治互信、经济融合、文化包容的利益共同体、命运共同体和责任共同体。

二、组织架构

北京建筑大学先后与国内外多所高校及产学研研究生培养基地等多家企业共同组建了"一带一路"建筑类大学国际联盟，联盟成员依照"联盟章程"开展活动。

三、主要职能

（一）加强联盟成员之间全面合作与交流，共同创建落地项目，不断加深感情。

（二）共同设立联盟研究经费，鼓励大学联盟内的教师开展教学及科学研究，共同申请第三方科学研究项目。

（三）鼓励联盟各成员单位学术人员、行政管理人员、专业技术人员在大学联盟内流动，开展讲学、指导学生、举办学术研讨会、管理经验交流等活动。

（四）积极支持、开展各项汉语推广活动。

（五）建立大学联盟内的学生交流机制，制定相应规则，促进学生在大学联盟内的交流学习，实现学生的学分互认及学术成果互认。

(六)对接中国企业"走出去"战略,积极协助联盟企业,开展提供咨询、培训服务。

(七)定期召开联盟成员大会。

四、运行模式

(一)定期召开联盟成员大会,确定年度主要工作任务及内容。

(二)确定年度活动主题,每年举办联盟单位参与的学术、科技、文化、体育、艺术等交流活动。

(三)面对联盟企业,利用双(多)边大学自身的优势,定期为联盟企业提供培训、咨询等相关服务。

(四)定期实现联盟大学成员相关人员的互访。

(五)开展形式多样的学生交流活动,如暑期交流、寒假交流、学期交换,学生社团交流等。

(六)每年举办不同领域、不同主题的学术研讨会。

(七)开展联盟成员内文化研究和区域国别研究。

五、条件保障

(一)积极申请双方政府的相关政策、资金支持。

(二)北京建筑大学预备专项经费支持大学联盟相关活动。

(三)加大联盟成员相关活动的外宣活动。

(四)提供相应的工作人员以及办公条件。

北京建筑大学
2017 年 5 月

3.2.2 "一带一路"建筑类大学国际联盟章程(2019 年 10 月)

第一章 总 则

第一条 联盟名称:"一带一路"建筑类大学国际联盟。

第二条 联盟性质:在北京市教委、北京市人民政府外事办公室的支持与指导下,在现有合作的基础上,由北京建筑大学发起成立"一带一路"建筑类大学国际联盟,由国内外多所大学组成。联盟性质为按照"自愿平等、开放共享、合作共赢、创新发展"的原则自发组织的非营利性战略合作组织。

第三条 联盟宗旨:发挥特色优势、推进资源共享、加强协同创新、促进人才培养,提升国际科研合作水平,促进跨文化交流与理解,促进大学间人员、知识、技术等各方面资源的流动,为培养高素质国际化人才,提升国际交流合作的能力与水平,服务经济结构转型升级,促进民心相通、跨国界产学研合作,提升大学内涵实力和国际声誉而不断努力。

第二章 任　务

第四条　主要职能

1. 致力于高素质、国际化工程技术人才培养,培育模式的创新实践,为社会培养高水平、实践能力强的工程技术人才,实现高层次工程技术人才教育的新突破。

2. 致力于促进经济结构转型、产业升级以及集成解决社会共性关键技术为目标,以科研项目和技术创新为牵引,创新合作机制,打造跨国界多校对社会的协同创新平台,促进资金、产品、人才和服务的跨国界流动。

3. 致力于推进民心相通、跨文化交流与理解。积极促进大学间跨国界的人员和文化交流,鼓励大学间人员跨国界流动,联合举办各类学术会议、科技竞赛、各类文化、艺术及体育类等活动,积极开展各项汉语推广活动。

第五条　业务范围

1. 秉承开放式办学、合作共赢的思想,充分发挥成员学校的优势,通过资源共享、优势互补、协同创新和强强合作,在人才培养、科学研究、师资队伍建设、校园文化、社会服务等方面开展全方位的合作与交流。

2. 人才培养:开展工程技术高素质国际化人才培养的协同创新,建立建筑领域国际化优秀人才培养实验区,建立具有国际国内先进水平的实训基地,建立学分互认、学生跨国界、跨校区流动机制,建立精品基础课及学科前沿讲座等资源的共享以及优秀教师跨国界任课等制度,使学生在跨文化环境中接触到更宽泛的学科领域,学习到各领域前沿、先进的知识和技术,掌握跨文化交流与合作的能力和技巧,培养高素质国际化复合型人才。

3. 科学研究:发挥各自特色优势,形成合力,协同创新,联合项目攻关,共同解决国家需求和制约社会发展的重大科学技术问题。促进各校优势特色学科的交叉融合,整合各校科研力量,并与科研机构、企业深度合作,共同承担重大科技攻关项目,集成解决国家支柱产业关键核心技术,提高自主创新能力,更好地促进行业技术进步,推动产业结构调整。

4. 师资队伍建设:开展教学经验、科研成果的交流和互动,召开高水平国际会议,开展高层次学术访问、研究生导师互聘等活动,不断提升教学科研水平,建设高水平的教师队伍。

5. 校园文化:开展大学间学生体育、艺术、科技竞赛以及学生暑期、寒假短期文化体验等文化交流,增进彼此间的友谊,促进学生的全面发展。开展汉语教学和中国文化推广活动,促进文化的交流与理解。

6. 社会服务:积极发挥外专智库作用。为政府和社会组织实现人才、资本、产品、服务等跨国界的咨询、培训、政策、法律和技术支持等服务。

第三章 成 员

第六条 由国内外合作院校共同组建"一带一路"建筑类大学国际联盟,联盟成员依照联盟章程开展活动。

第七条 申请加入联盟的学校需承认并遵守联盟的章程,具有显著的办学特色和突出的学科群优势,经联盟理事会批准后即可成为联盟成员。成员单位根据需要可适当增减。

第八条 成员权利

1. 申请加入自愿,申请退出自由;
2. 联盟内的选举权和被选举权;
3. 对联盟重大事件决策的表决权;
4. 对联盟日常工作的参与、批评、建议和监督权;
5. 参加、承办或协办联盟举办的各项活动;
6. 利用联盟平台获得相关信息资源。

第九条 成员义务

1. 遵守联盟章程,维护联盟权益;
2. 执行联盟决议,完成联盟委托的工作;
3. 积极参加、轮流承办或协办联盟举行的活动;
4. 充分尊重联盟成员间的知识产权;
5. 根据成员单位性质分别缴纳会费。会费标准如下:

主席单位缴纳会费标准 20000 美元/年;

副主席单位缴纳会费标准 10000 美元/年;

常务理事单位缴纳会费标准 5000 美元/年;

其他理事单位缴纳会费标准 1000 美元/年。

第十条 加入联盟的程序

1. 大学提出申请,提交秘书处预先审核;
2. 理事会开会讨论并表决通过。

第十一条 退出联盟的程序

1. 有退出意愿的成员,须向联盟提交退出的书面申请;
2. 经秘书处审核,理事会讨论通过。

第四章 组织与运行

第十二条 联盟实行理事会制度,理事会下设秘书处。

第十三条 联盟理事会

1. 理事会是联盟的决策机构。

2. 理事会成员构成:联盟各大学为成员单位,成员单位负责人为理事会成员。

3. 理事会主要职责:制定和修改联盟章程、制定联盟基本规章制度。选举理事会领导机构成员,制定联盟年度工作方案,审议理事会年度工作报告或理事提出的议案,研讨制定联盟合作与发展规划,统筹各联盟成员的资源与共享,协调各成员单位的关系,决定联盟成员的加入与退出。

4. 北京建筑大学担任联盟理事会主席单位。理事会主席的主要职责为主持召开理事会议,组织讨论、审定联盟年度计划,牵头协调解决联盟重大问题等。设立2个理事会副主席单位、8个常务理事单位,由理事会主席提名并经联盟理事会讨论和批准产生,负责组织起草分管工作的年度计划,组织实施联盟年度工作方案,向理事会提交联盟发展有关议案,负责协调分管工作的联盟各成员之间关系。每年的会议承办单位为执行主席单位。

5. 建立联盟理事会主席、副主席及常务理事单位例会制度,每3个月召开1次例会(暂定3月、6月、9月、11月召开,可采用远程视频会议等形式),共同商议联盟具体工作议题,汇报成员单位工作动态;每年选定1个主要负责单位,负责牵头组织当年例会。理事会一般每年召开1次会议,如遇特殊情况,可由理事提议、召开临时理事会。理事会按民主集中制原则议事,决定重大问题须经半数以上理事同意。

第十四条 秘书处

1. 秘书处是联盟的常设办事机构,办公地点设在联盟主席所在单位。联盟设秘书长1名,副秘书长3名。秘书长人选由理事会主席推荐。

2. 秘书处主要职责:掌握统筹联盟各单位间的人才培养、科技、学科、师资等资源,建立联盟数据库并进行实时更新;负责联盟对外合作管理;完成理事主席和副主席交办的日常工作;牵头负责联盟年度工作方案的落实;筹备组织理事会议等;创办联盟网站并维护其正常运行;负责联盟的联络、协调工作。

第五章 附 则

第十五条 本章程的修订由理事会提出,经理事会会议讨论通过后生效。

第十六条 理事会可按照章程的规定,制定章程细则。章程细则不得与章程的规定相抵触。

第十七条 本章程经理事会表决通过生效。

第十八条 本章程的解释权属理事会。

▲3.2.3 "一带一路"建筑类大学国际联盟发展宣言(2021年11月)

为积极响应、落实"一带一路"倡议,推动构建人类命运共同体,2017年10月,"一带一路"建筑类大学国际联盟(以下简称"联盟")在中国北京成立;截至2021年

11月,已有来自27个国家的72所院校加入。成立4年以来,联盟为全面深化"一带一路"共建国家高校的交流与合作,推动教育综合改革和教育国际化进程,搭建国际化人才培养、科技协同创新及人文交流平台,提高大学的办学活力、教育质量、科学研究及国际交流与合作水平进行了积极实践。

展望未来,我们,联盟的全体成员,将继承和发扬"和平合作、开放包容、互学互鉴、互利共赢"的丝绸之路精神,通过拓展国际合作网络、搭建国际创新平台、促进国际人才培养,加强各方互联互通,深化务实合作,增进人文交流,推动联盟进入更为健康、高效、科学的高质量发展新阶段。

特发布此宣言:

第一,我们将坚持共商共建共享,完善联盟运行机制,推动建立多层次多模式的国际合作网络,构建"一对多"和"多对多"的多边、多元制国际交流合作的新范式,引领并协同推进"一带一路"区域的教育文化、科学技术、产业融合国际合作。

第二,我们将坚持开放包容理念,加强科研国际协同与创新,打造高端国际创新合作平台,充分发挥合作平台的辐射效应,推进国际科技合作、成果孵化与产业转化、技术与产品输出和培训,着眼于解决重大科研问题,致力于人类福祉的创造。

第三,我们将坚持以人为本原则,追求高标准、惠师生、可持续,始终把师生的发展需求作为联盟合作的根本出发点,完善基于联盟成员单位的人才培养多边合作机制,分阶段推进联盟内学分互认、学历互认、学位互授。

我们承诺充分尊重并自觉履行上述宣言,共同开展建筑领域合作与交流,共同创新联合机制,共同打造成果共享、互利互惠、文化包容的命运共同体。

3.2.4 "一带一路"建筑类大学国际联盟五年行动计划(2021—2025年)

为更好推进"一带一路"建筑类大学国际联盟的快速健康发展,特制定未来发展5年行动计划(2021—2025年),明确联盟成长的时间表和路线图,从而全面深化"一带一路"共建国家高校的交流与合作,推动教育综合改革和教育国际化进程,搭建国际化人才培养、科技协同创新及人文交流平台。

一、总体原则

秉持"和平合作、开放包容、互学互鉴、互利共赢"的发展理念,本着公平、公正、公开、共商、共建、共享的原则开展联盟工作。

二、行动目标

到2025年,在全球范围内聚集一大批建筑领域的参与主体,建立起有效畅通的内外沟通合作渠道,多方协作,共同构建交流合作平台,共同探索建筑类学科及建筑类大学创新发展机制,拓展国际合作网络,搭建国际创新平台,促进国际人才培养,进而打造出联盟会议暨校长论坛、国际大学生建筑设计与数字建模竞赛、Global Campus-暑校共享计划、暑期国际学校、国际青年学者论坛等项目品牌。

三、任务举措

（一）**拓展国际合作网络，改进和完善联盟运行机制，深入推进外联工作，扩大联盟的国际影响力**

1. 进一步优化新成员入盟机制，申请院校需在办学层次、学科水平、办学资源、师资规模与结构、人才培养、科学研究、服务社会、高端人才、重大项目与成果、国际竞争力等一方面或多方面具有突出表现。具体参考美国新闻与世界报道排名、QS世界大学排名、泰晤士高等教育世界大学排名、软科世界大学学术排名、ESI大学排名及相应学科排名等。

2. 设立区域主席单位，由主席单位具体负责加强各区域内联盟会员的组织与管理。主席由联盟成员推举与选举。

3. 加强与国际教育组织、国际行业学会/协会及国际非政府组织的沟通与合作，推动联盟会员参与相关国际组织的活动并担任职务，以联盟的名义积极参加相关国际论坛、博览会、培训等活动。

4. 完善联盟章程及信息发布制度，通过联盟门户网站、简报等形式充分展示联盟工作成果和成员高校风采，共享信息。

（二）**搭建国际创新平台，持续推进成员间科研深度合作**

5. 办好联盟年会暨校长论坛及相关国际学术会议，将联盟年会暨校长论坛与大型学术会议等活动结合起来，进一步丰富成员间交流合作内容与形式，共同分析"一带一路"背景下联盟建设和可持续发展面临的机遇与挑战，推动实现教育发展，合作联动，成果共享。

6. 推进与相关企业、科研单位的交流合作，探索基于产学研联合的方式共建建筑类教学国际实习实训基地，服务"一带一路"共建国家和地区国际化工程人才培养。

7. 由联盟成员高校总结所在国家建筑行业取得的优势科技成果与先进技术，并梳理远期发展面临的科学技术、产业政策等难题与需求，在此基础上结合成员高校国家国际科研合作项目、创新合作平台的申报渠道和政策要求等，形成联盟科技发展白皮书，以联盟名义向全球进行发布。

8. 充分利用多种渠道，联合申报相关科研项目和基地平台，共同开展"一带一路"建设与发展相关的科技方法技术研究、产品生产、成果转化、应用推广、市场开拓。

9. 落实"一带一路"建筑文化遗产名录及数据库建设，加强文化遗产保护合作及培训。

10. 依托联盟国际创新合作平台，探索创办国际学术期刊。

（三）促进国际人才培养，创新推进成员间优势教育资源共享

11. 推进联盟成员间共享优势教育资源，开展多种形式的合作办学，联盟内成员互派教师授课，联合培养研究生。

12. 推进联盟成员间的学分互认、学历互认、学位互授。采用实体课堂、虚拟课堂、综合实习等多种方式，联合开设以城市设计、绿色建筑、海绵城市、智慧城市、韧性城市等领域的系列课程，并为通过考核的学生颁发相应的国际职业（专业）资格证书、技术等级证书等。

13. 筹备建立联合实验室及研究中心，针对"一带一路"共建国家技术人员、政府官员以及北京市跨国企业员工进行各类工程技术职业培训，推动服务"一带一路"共建国家的基础建设。

14. 持续打造竞赛、共享计划、暑期学校、青年学者论坛联盟品牌。

（1）办好国际大学生建筑设计与数字建模竞赛。聚焦城市发展实际问题，从赛事策划、竞赛主题、作品要求、评审专家等方面确保高质量，促进教师的教学水平和学生的专业实践技能，提升品牌知名度。

（2）开展好 Global Campus-暑校共享计划。鼓励联盟成员在多地举办多种主题的暑期国际学校，推进联盟内高校优质教育资源共享、暑校学费减免与学分互认，促进师生科技人文交流和创新国际化人才培养。

（3）举办暑期国际学校。围绕"一带一路"基础设施建设和可持续发展急需的专业方向组织高水平专家讲座报告、企业及施工现场参观实习、学员学术研讨及文化交流。

（4）组办"一带一路"建筑类大学国际青年学者论坛，旨在面向全球会聚一批海内外建筑、土木等学术背景的优秀学者，就学术前沿与热点问题开展学术研讨与合作，进一步提升联盟活力。

3.3 合作机制与成果

截至 2022 年 11 月，来自俄罗斯、哈萨克斯坦、波兰、法国、美国、英国、亚美尼亚、保加利亚、捷克、韩国、马来西亚、希腊、尼泊尔、以色列等 28 个国家的 74 所大学陆续加入联盟。

北京建筑大学作为联盟主席单位和秘书长单位，与成员高校一道，积极谋划、顶层设计，不断创新推动"一带一路"建筑类大学国际联盟可持续发展，构建多元合作模式与机制，为全面深化"一带一路"共建国家高校的交流与合作，推动教育综合改革和教育国际化进程，搭建国际化人才培养、科技协同创新及人文交流平台，提高大学的办学活力、教育质量、科学研究及国际交流与合作水平，进行了积极实践，取得了较为丰硕的成果。

3.3.1 深化联盟组织建设，持续优化联盟结构，为高质量发展凝聚强大合力

1. 吸纳高水平新成员，为联盟发展注入新动能

为加强联盟组织建设，推进联盟高质高效发展，申请院校应在办学层次、学科专业水平、师资规模与结构、人才培养水平、科学研究、服务社会、高端人才、重大项目与成果、国际竞争力等方面具有一定特色与优势。6 年来，联盟成员从 2017 年的 19 个国家、44 所高校，发展至 2022 年的 28 个国家、74 所高校，联盟成员结构进一步优化，联盟"朋友圈"版图也将实现亚洲、欧洲、美洲、大洋洲、非洲全覆盖，成员院校综合实力与排名不断提高，为联盟发展注入新动能（表 3-1）。

表 3-1 "一带一路"建筑类大学国际联盟成员单位名单（2022 年 11 月）

洲别	国家/地区	序号	成员单位
亚洲	中国	1	安徽建筑大学
		2	北京建筑大学
		3	长安大学
		4	长春建筑学院
		5	重庆交通大学
		6	福州大学
		7	河北建筑工程学院
		8	吉林建筑大学
		9	南昌大学
		10	宁波大学
		11	青岛理工大学
		12	山东建筑大学
		13	武汉大学测绘遥感信息工程国家重点实验室
		14	沈阳建筑大学
		15	天津城建大学
		16	西安建筑科技大学
	韩国	17	大田大学
	马来西亚	18	马来西亚大学联盟
		19	马来西亚理工大学
	印度	20	印度科技教育集团
	印度尼西亚	21	泗水理工学院
	以色列	22	贝扎雷艺术与设计学院

续表

洲别	国家/地区	序号	成员单位
亚洲	哈萨克斯坦	23	赛福林农业技术大学
	吉尔吉斯斯坦	24	奥什工业大学
	尼泊尔	25	加德满都大学
		26	尼泊尔工程学院
欧洲	俄罗斯联邦	27	莫斯科罗蒙诺索夫国立大学数学力学学院
		28	伊尔库茨克国家研究型技术大学
		29	喀山联邦大学
		30	莫斯科国立建筑学院
		31	莫斯科大学
		32	莫斯科国立建筑大学
		33	新西伯利亚国立建筑大学
		34	俄罗斯建筑土木科学院
		35	莫斯科理工大学梁赞分校
		36	南联邦大学
		37	圣彼得堡技术大学
		38	圣彼得堡国立建筑工程大学
		39	秋明工业大学
		40	乌拉尔联邦大学
		41	乌拉尔国立建筑艺术学院
	波兰	42	琴希托霍瓦理工大学
		43	西里西亚理工大学
		44	华沙生态与管理大学
		45	华沙理工大学
	法国	46	马恩·拉瓦雷大学
		47	犹尼亚高等工程师学院
	亚美尼亚	48	亚美尼亚国立建筑大学
	保加利亚	49	保加利亚索非亚土木建筑及大地测量大学
	捷克共和国	50	南波西米亚大学
	希腊	51	塞萨洛尼基亚里士多德大学
		52	色萨利大学
	挪威	53	卑尔根建筑学院
	意大利	54	蒙塞拉特基金会
		55	罗马第三大学

续表

洲别	国家/地区	序号	成员单位
欧洲	意大利	56	米兰理工大学
		57	巴里理工大学
	塞尔维亚	58	诺维萨德大学
	罗马尼亚	59	斯皮鲁哈列德大学
	土耳其	60	伊希克大学
		61	伊斯坦布尔服装学院
	英国	62	德比大学
		63	东伦敦大学
		64	肯特大学
	波黑	65	巴尼亚卢卡大学
		66	莫斯塔尔大学
	黑山共和国	67	下格理查大学
美洲及大洋洲	美国	68	夏威夷太平洋大学
		69	里海大学
		70	夏威夷大学建筑学院
		71	新建筑与设计学院
	澳大利亚	72	悉尼科技大学
	巴西	73	圣保罗大学
非洲	突尼斯	74	莫纳斯提尔大学

2. 设立区域主席单位,增强联盟组织的辐射力

分批设立联盟区域主席单位,负责所在区域的成员发展与活动组织。为服务中国—中东欧国家合作同共建"一带一路"倡议,深化与中东欧各国教育交流与合作,2021年,联盟率先设立塞尔维亚诺维萨德大学为中东欧地区区域主席单位,由其校长Dejan Madic教授任区域主席。以中东欧地区为典范,在东南亚等地区有序推进区域主席单位机制,增强联盟组织的地区辐射力。

作为中东欧地区区域主席单位,塞尔维亚诺维萨德大学协助主席单位北京建筑大学负责联盟发展规划及各类活动在中东欧地区的实施工作,以中国—中东欧国家首都市长论坛机制及中国—中东欧国家高校联合会平台为依托,围绕服务北京"国际交往中心"建设、高层次国际科研合作、高水平人才培养合作与人文交流,持续推进中国及中东欧地区联盟各成员间的深入合作,打造服务中国—中东欧国家"升级版"高等教育合作网络。

(1)发挥学科优势,以中国—中东欧国家首都市长论坛为依托,搭建韧性城市合作与交流平台,助力北京市"国际交往中心"建设。

2021年11月,在由波黑首都萨拉热窝市主办、北京市政府支持的第五届中国—中东欧国家首都市长论坛期间,北京建筑大学和波黑莫斯塔尔大学联合举办线上平行活动"韧性城市 智慧发展"论坛。本次论坛吸引了中国、英国、土耳其、哈萨克斯坦、意大利、塞尔维亚、波黑、亚美尼亚、保加利亚、黑山、葡萄牙、希腊、俄罗斯、印度尼西亚、美国15个国家39所高校与机构的200多名代表参加。

此次论坛作为中国—中东欧国家首都市长论坛框架下重要的平行活动,以"韧性城市 智慧发展"为主题,为中国及中东欧国家相关高校提供了高水平的交流研讨平台,增进北京与中东欧首都城市的经验分享,进一步丰富了政、经、学、研等各类机构共同参与的多元首都市长论坛机制,成为服务北京与中东欧首都城市间凝聚友谊与共识的桥梁、交流治理经验的平台、推动务实合作的载体;提升了北京对外交往品牌活动的号召力。

来自4个国家的5位专家围绕"城市治理"这一共性议题做主旨报告,分享智慧理念和技术经验,为提升城市管理水平、推动城市绿色韧性发展提供借鉴。

全国工程勘察设计大师、北京建筑大学建筑与城市规划学院院长、教授张杰以《基于历史性城镇景观方法的中国历史文化城市可持续管理》为主题,回顾了中国历史城市保护的发展,阐述了在快速城市化背景下,中国如何保护城市遗产整体风貌及其环境、传承文化、促进城市保护与发展的融合。

DunavNET联合创始人、黑山下格里查大学访问学者克尔措以《数据的价值:从智慧城市到可持续城市》为主题,探讨数据空间的作用以及数据如何推动可持续的生活方式。

波黑莫斯塔尔大学副校长、教授乔拉克围绕《莫斯塔尔古桥重建项目》,系统梳理了重建莫斯塔尔古桥的整个过程。

塞尔维亚诺维萨德大学数字设计中心创始人、《建筑与数学杂志》编委会成员斯托亚柯维奇报告主题为《数字设计在建筑和城市规划中的应用及前景》,讨论了如何利用计算机模拟、基于性能的设计、计算设计、数字制造和交互式可视化等数字技术重塑对设计的思考方式,从而重塑我们的城市,创造更美好的未来。

波黑联邦议会议员,波黑联邦议会实体规划、住房和公共政策、生态和旅游委员会主席,萨拉热窝州总理城市规划与设计高级顾问波兹德围绕《智慧萨拉热窝》开展分享,简要回顾了萨拉热窝重新开启新阶段的智慧化进程。

因北京建筑大学及联盟在组织第五届中国—中东欧国家首都市长论坛"韧性城市 智慧发展"分论坛中的杰出表现,2021年12月波黑及克罗地亚国家大学校长联合会会议期间,波黑莫斯塔尔大学校长托米奇代表学校理事会授予北京建筑大学及联盟"杰出贡献奖"。托米奇表示,通过这次会议,我们认识到了中国在建设全球体系中发挥的重要作用,为中波两国在政治体制、经济发展、教育、文化等各个领域的深入合作感到由衷自豪,两校成功联合举办此次盛会,进一步推动了两校建立更加紧密的合作关系,期待未来在北京建筑大学及联盟的引领下,持续拓展与中国高校的伙伴关系网络。

(2)加强深度合作,以中国—中东欧国家高校联合会平台为依托,推进高校间高层次协同创新研究。

2020年12月,北京建筑大学与塞尔维亚诺维萨德大学联合申报的"基于人工智能的中欧班列沿线城市生态环境遥感监测"项目成功入选为"2020年中国—中东欧国家高校联合教育项目"优先资助项目。

本项目以北京建筑大学遥感学科雄厚的科研团队实力为基础,发挥塞尔维亚诺维萨德大学在人工智能方面的强大技术优势,以中欧班列沿线城市为对象进行生态环境高精度遥感监测。构建中欧班列沿线城市的生态环境样本库,建立基于迁移学习的多源协同地表覆盖快速识别和多环境要素分析方法。项目成果可为"一带一路"共建国家生态环境监测与分析提供有力的技术支持,针对沿线不同地区的地质、生态特点,合理规划铁路班列,提升经济走廊的管理和社会服务水平,践行"绿色、健康、智慧、和平"的建设宗旨,实现可持续发展。

(3)打造品牌项目,以"一带一路"建筑类大学国际联盟为依托,推进高水平人才培养合作与人文交流。

2022年是北京建筑大学发起并任主席单位的"一带一路"建筑类大学国际联盟成立5周年。5年来,联盟围绕建筑工程领域创新人才培养与科技交流合作组织了系列品牌活动,成功举办5届暑期国际学校及4届国际大学生数字建筑设计竞赛,并于2021年发起了"Global Campus-暑校共享计划",得到了中东欧国家高校的广泛支持与参与。

通过充分发挥多元品牌项目的带动效应,联盟中的中国与中东欧国家高校不断拓展人文交流的广度和深度,为推动中国—中东欧国家教育合作、构建建筑教育共同体夯实基础、筑牢根基,增进了师生对不同文明、文化的理解和借鉴。

拉佐维奇就是一个典型代表,她是一位来自黑山共和国的26岁女生,目前正在攻读塞尔维亚诺维萨德大学技术科学学院城市建筑数字技术、设计与生产专业硕士研究生。2020年8月,她和来自14个国家、12所高校的309名师生一同加入了北京建筑大学暑期国际学校。在为期一周的线上课程中,她和老师同学们一起讨论了很多当下流行的学术热点问题,既有绿色建筑的设计及评价体系、疫情带来的隐形环境问题等前沿话题,也有遥感技术在土木工程中的应用、大地震后的减灾技术对策等专业领域。

拉佐维奇最感兴趣的是机器人在建筑工业化中的应用。从北京建筑大学机电学院单晓微老师的课题中,她了解到中国正在让机器人代替人类完成某些困难工作,这让整个国家都更具创造力。拉佐维奇不由得为这种方式"点赞",并决定到北京建筑大学攻读机器人科学博士学位:"我认为这种利用机器人的方式非常棒,是利用机器人最好的方式。我相信,我能在中国学到很多。"

2021年11月,第五届中国—中东欧国家首都市长论坛"韧性城市 智慧发展"分论坛期间,题为"韧"性·"韵"致·祥"和"的"一带一路"国际交流活动综合成果展,以线上线下相结合的形式召开。作为展览三大板块之一的"中国—中东欧建筑风情新剪纸艺术展"主要展出的是北京建筑大学建筑与城市规划学院赵希岗教授的17幅现代剪纸艺术作品。这些新剪纸艺术作品融合了中国写意文化、传统装饰艺术与现代设计理念和当代艺术精神,对天安门、长城、索菲亚俄式教堂、拜占庭基督教堂、帕底农神庙、塔拉河谷大桥等中国及16个中东欧国家标志性建筑进行全新诠释演绎,充分展现了不同国家的文化内涵、历史风貌和建筑风情,诠释了艺术与文化在深化中国与中东欧国家合作、共建人类命运共同体中的重要作用,希望通过中国剪纸艺术,连接真心、携手共进,共创美好未来。

3. 集聚优质资源,构筑开放式联盟发展平台

作为大学国际联盟,在建设过程中始终注重立足于大建筑领域专业优势资源与集聚国内外国际化资源要素紧密结合。联盟积极联络借助各类外部资源,包括相关国际国内学术与非政府组织、政府机构、知名企业,为联盟成员发展、人才培养和公益服务助力。

通过与中国测绘学会、中国卫星导航定位协会国际时空信息综合服务专业委员会、国际摄影测量与遥感学会、国际科学理事会地学联盟减灾常设委员会等国内外专业性国际学会的合作,做到源于专业、围绕学术,不断提升联盟发展和活动的学术影响力。通过与中国丝路集团有限公司、广联达科技股份有限公司等知名企业的合作,合作举办学生竞赛、联合申请创新项目、共建国际人才培养基地,共同推进学术成果转化和产学研用融合。通过与宋庆龄基金会、丝路公益基金、北京国际和平文化基金会等各类基金会的合作,拓展项目品牌影响力、积极服务公益事业。建筑类大学国际联盟积极运用国际化创新管理手段和工程化运营方式,有序推进联盟平台的多元化发展,争取并组织实施校际间、校企国际科技合作项目,开展合作成果孵化、产业化转化与国际输出,建立并维护国际科技合作网络。

2019年,宁波大学"一带一路"研究院入选浙江省社会科学界联合会服务"一带一路"国别和区域研究机构,作为浙江省新型智库培育单位列入培育考察,紧紧围绕国家和浙江省"一带一路"建设的重点领域、重点工作,深入开展战略性、前瞻性、针对性决策咨询研究,为浙江省参与"一带一路"建设、构建全面对外开放大格局提供智力支持。2021年5月,安徽建筑大学加入"一带一路"科技产业创新战略联盟,旨在通过建立战略合作联盟,助推企业融通合作,服务"一带一路"建设。2021年6月,长安大学联合"一带一路"绿色发展国际联盟、"一带一路"国际交通联盟、中国公路学会共同主办"一带一路"国际交通研讨会——面向碳中和的可持

续交通专家沙龙，聚集了业界众多国内外知名专家，围绕共建面向碳中和的绿色交通，促进"一带一路"可持续发展展开了深度探讨。英国肯特大学联合英国大学协会（Universities UK International, UUKI）成功举办第2届"在地国际化创新大会"。会议采用线上方式举办，共吸引了来自27个国家的175名代表参加。

2022年6月，在第24届国际摄影测量与遥感大会上，联盟秘书长、北京建筑大学蒋捷教授当选国际摄影测量与遥感学会（International Society for Photogrammetry and Remote Sensing，简称ISPRS）秘书长，任期自2022年至2026年。同月，中国科学技术协会召开了国际科学理事会中国委员会（ISC-China）工作会议，增选蒋捷教授为ISC-China副主席，任期自2022年6月至2025年6月。蒋捷教授的成功当选，有利于进一步加强联盟与ISPRS、ISC-China等相关组织的沟通与合作，推动联盟会员参与相关国际组织的活动。

2021年和2022年9月，中国国际服务贸易交易会在中国北京召开。联盟秘书处以"构建'一带一路'建筑教育共同体"为题，向服贸会观众介绍了联盟积极与国内外高校及学术组织、知名企业建立合作关系，搭建开放式国际化人才培养、科技协同创新、产学研用及人文交流平台的特色实践，得到与会领导及现场观众的高度认可与评价。

4. 多渠道强化宣传，提升联盟形象及价值

通过联盟门户网站、简报、图书出版等形式充分展示联盟工作成果和成员高校风采，对内畅通信息共建共享通道，对外加强多渠道、全方位宣传。

秘书处持续以中、英、俄、法4种语言版本同步运行联盟官方网站、以中英双语发布《联盟简报》。依托近年的探索与发展，联盟秘书处组织出版了《"一带一路"建筑类大学合作与创新》《2020国际大学生建筑和结构设计竞赛作品集》《2021国际大学生建筑设计与数字建模竞赛作品集》《2022"一带一路"国际大学生数字建筑设计竞赛作品集》，总结凝练联盟体制机制经验与发展建设成果。

我们还通过国内外新闻媒体着力宣传联盟建设的突出成就、亮点工作、典型经验等，持续扩大联盟影响力和知名度，让国内外更好地了解联盟、理解联盟、宣传联盟。

近五年，"一带一路"建筑类大学国际联盟的发展历程和各项活动受到新华社、光明网、北京日报、文汇报、中新社、千龙网、中国日报、中青在线、千龙网、北京晨报、北京晚报、中国科学报、建筑杂志、新华社外文专线、人民日报海外网、China Daily、欧洲侨报、美国新闻网、北欧时报、西非在线等多家海内外主流媒体的广泛关注和报道。联盟的建立发展不仅切实推进了"一带一路"建筑类教育人才培养和科技创新，也提升了各成员院校乃至中国教育模式的国际影响力。

▲3.3.2 加强联盟平台建设，加速构建多维度合作体系，为高质量发展赋能增效

联盟通过学生联合培养、联合举办国际会议、科研合作、人文交流等多种方式，

积极推进成员高校开展人才培养、科学研究、社会服务和文化传承与创新方面的合作。

1. 推进高层次建筑类工程教育国际化

北京建筑大学依托北京市《"一带一路"奖学金》等项目,研究了建筑类工程教育国际化模式,面向"一带一路"共建国家的留学生设立了建筑学、土木工程、环境工程、控制科学与工程、机械工程、测绘科学与技术等6个专业方向的研究生培养计划,并已向来自28个国家的100余名国际学生提供了奖学金资助。

联盟成员积极参与欧盟"伊拉斯谟计划"及"伊拉斯谟+"教育计划,推动联盟院校间教师、学生、研究及管理人员交流及合作。保加利亚索非亚土木建筑及大地测量大学"伊拉斯谟+国际学分互认"项目,合作院校包括来自俄罗斯、塞尔维亚、乌克兰、哈萨克斯坦、巴西、越南等8个国家和地区的18所高校,其中包括我们的联盟成员高校俄罗斯莫斯科国立建筑大学及塞尔维亚诺维萨德大学。2018年10月,塞尔维亚诺维萨德大学正式获得欧盟委员会审批,成为"伊拉斯谟"计划成员单位。北京建筑大学与亚美尼亚国立建筑大学联合申请"伊拉斯谟+KA2"计划,项目名称为"城市社区可持续包容性住房管理"硕士联合培养项目,与希腊色萨利大学、希腊塞萨洛尼基亚里士多德大学等签署了项目协议书,将在协议框架内开展教师互派及学生互换活动。

北京建筑大学与广联达科技股份有限公司成功联合申报教育部中外人文交流中心"建筑信息建模技术"未来技术技能与人文交流人才国际训练基地项目,共建"数字建筑平台产学研联合国际人才培养基地"。基地建成后,校企双方将充分发挥高校科研人才聚集地和头部企业科技突破生力军作用,面向国家和首都经济社会发展对国际化人才的需求,深化产教融合理念,在合作举办国际大学生设计竞赛、组办智慧城市建设技术培训、服务国际学生实习实践等方面开展深入合作,致力实现教育链、人才链、产业链与创新链的有机衔接。

依托联盟合作机制,北京建筑大学、天津城建大学、印度尼西亚泗水理工学院、俄罗斯莫斯科国立建筑大学、美国新建筑与设计学院等成员高校召开线上合作交流会、签署合作备忘录,围绕建筑学、土木工程、测绘科学与技术以及人工智能等新兴学科,在共同推进联盟各项学生品牌活动、组织专业培训、申报中外合作办学项目等方面达成初步合作意向。

2. 推进高水平科学研究及学术交流

北京建筑大学连续举办6届北京国际城市设计大会,聚焦首都规划建设,会聚国内外城市设计顶级专家,共同研讨韧性健康城市设计、智慧城市技术应用、城市设计人才培养等社会热点问题。北京建筑大学与塞尔维亚诺维萨德大学联合申报的"基于人工智能的中欧班列沿线城市生态环境遥感监测"课题获2020年度中国—中东欧国家高校联合教育项目优先资助,项目自2021年正式启动,已取得初步成果，联合发表了 2 篇学术论文，启动联合创新实验室筹备工作，并于 2022 年 11 月北京建筑大学主办的"空间信息科学支持减灾和智慧城市管理国际学术研讨会"期间组织专题学术研讨单元。同时，双方将基于国家重点研发计划"GEO 遥感资源国际化应用"开展进一步合作，联合航天宏图信息技术股份有限公司、中国科学院空天信息创新研究院、首都师范大学、澳大利亚新南威尔士大学、尼泊尔国际山地发展研究中心等单位，构建企业—高校—研究机制—国际组织的产学研用国际合作网格，推进遥感数据资源在防灾减灾、粮食安全与可持续农业、生态环境变化监测等领域的知识共享、培训交流及推广应用。

以联盟为平台，北京建筑大学联合中国交通建设集团有限公司、交通运输部公路科学研究院、中国建设会计学会等，与俄罗斯国家公路公司开展中国公路建设领域技术交流，探索中俄路桥建设专业人才联合培养的新模式，并就双方共同感兴趣的技术领域开展科研合作攻关，助力中俄交通运输行业高质量发展；依托"建筑遗产保护国际创新中心"组办了 2021 年京台青年科学家平行论坛，获得中国科协关注与北京卫视等相关媒体报道；依托"建筑碳中和国际创新中心"组织环能学院张明顺教授团队，携欧亚高等教育城市可持续发展课程开发合作项目建设成果，参加 2021 服贸会北京市国际教育服务成果发布会，获得央视新闻联播、朝闻天下、北京卫视等媒体的关注与报道。此外，"中欧农村建筑碳中和对比研究"获欧盟欧亚合作项目资助，"GEO 遥感平台'一带一路'应用推广"获国家重点研发政府间合作项目资助。俄罗斯秋明工业大学邀请北京建筑大学戚承志教授加入其国际期刊《国际建筑、施工和交通》编委会。北京建筑大学加入国际科学理事会地学联盟"风险和灾害管理"常设委员会，任秘书处单位。

长安大学和陕西省石油学会联合主办第二届"一带一路"智慧油气田专家论坛暨品牌技术与产品线上国际交流会，在响应国家"一带一路"倡议与"双循环"发展数字经济号召下，来自 10 多个国家和地区的 29 位代表重点围绕油气田领域智能技术与产品开发的创新发展趋势进行了深入的探讨。宁波大学和教育部高校旅游管理类专业教学指导委员会、宁波市文化广电旅游局联合举办"第四届中国'一带一路'国家旅游高等教育研讨会"，以"疫情影响下旅游高等教育国际化发展"为主题，就中国—中东欧国家旅游高等教育合作机制、疫情影响下旅游高等院校国际化办学趋势及教学方式变革和旅游高等教育国际课程设置与线上线下融合模式的探索等话题展开了热烈的交流。2021 年 11 月，福建省教育厅和福州大学共同承办"2021 海上丝绸之路国际产学研用合作会议（福州）"，会议由教育部、福建省人民政府指导，教育部学校规划建设发展中心主办，以期充分发挥平台资源优势，切实推进中外产学研用合作。

3. 推进高质量人文交流合作

北京建筑大学作为支持单位连续两年参与了由中国世界和平基金会、北京国际和平文化基金会与联合国教科文组织、驻华使团等机构共同举办的"和苑和平节",并组织策划了"和·美"——赵希岗"一带一路"新剪纸艺术展,以剪纸艺术为桥梁与全世界进行文化交流。来自 100 多个国家的政要、驻华使节、政府官员、国际组织代表、社会组织负责人、各界人士和青年代表们参加了活动,联合国教科文组织官网对本次活动进行了全球直播。

西安建筑科技大学参加了 2019 欧亚经济论坛,沈阳建筑大学与中东欧 16 国、阿拉伯国家开展了国际教育和人文交流合作探讨。2021 年,长安大学承办陕西省"一带一路"国际学生文化艺术季"多彩尼日利亚"专场,打造面向广大师生、市民及游客的"一带一路"重要文化交流与体验平台。英国东伦敦大学、俄罗斯圣彼得堡国立建筑大学、安徽建筑大学、福州大学、吉林建筑大学、山东建筑大学、北京建筑大学等 7 所联盟高校的学生参与印度尼西亚泗水理工学院 2022 年 CommTECH 春季在线项目,有效促进了联盟成员高校间师生交流,有力推进了教育资源的互联互通。由俄罗斯秋明工业大学主办、联盟协办的 2021 年及 2022 年"点燃创新之火"国际大学生创业大赛决赛成功举办,吸引了来自中国、俄罗斯、哈萨克斯坦、阿塞拜疆、亚美尼亚、菲律宾、拉脱维亚等 7 个国家的 270 余名高校师生及专家学者,本次大赛为促进国际创新创业教育、培养符合未来挑战要求的高素质人才搭建了交流与合作平台。由中国土木工程学会建筑市场与招标投标研究分会与广联达科技股份有限公司共同主办,联盟等作为支持单位的第八届全国高校 BIM 毕业设计创新大赛圆满成功,大赛自 2021 年 10 月启动以来,参与师生 2 万余人,共计提交作品 3435 份,为高校师生提供了一个展现实践能力的良好舞台。英国德比大学于 2022 年 11 月举办"全球学习节",邀请来自全球各地的各类组织、城市参与;其间,还与德比剧院、德比市议会、德比郡社区信托、德比创意艺术网络、S.H.E.D 德比移动艺术空间和"青年赋权"组织合作举办一场交互式创新活动。

这些活动增进了师生对"一带一路"不同文明、文化的理解和借鉴,展示了各高校积极促进民间文化交流互通与国际学生培养成果,加强了国际教育文化交流与交融。

3.3.3 着力联盟品牌建设,不断提升核心能力,为高质量发展注入新活力

积极创新常态化疫情防控条件下对外交往新模式,举办了"云会议""云暑校""云竞赛""云展览"等"线上+线下"融合模式的系列品牌活动,形成了常态化疫情防控条件和教育数字化背景下的成功模式。

1. 连续举办 6 届联盟会议暨教育论坛,构建常态化合作对话机制

秉持开放合作、互利共赢的理念,自 2017 年成立以来,分别在北京建筑大学

(2017年)、马来西亚理工大学(2018年)、俄罗斯莫斯科国立建筑大学(2019年)、法国犹尼亚高等工程师学院(2020年,线上)、波黑莫斯塔尔大学(2021年,线上)、北京建筑大学(2022年,线上)举办了六届联盟会议暨教育论坛。线上会议虽然阻隔了大家的面对面物理交流,但是疫情状况下坚持构建成员对话机制,保持联盟工作不断线,赢得了大家的一致支持与赞赏。

联盟会议暨教育论坛为来自"一带一路"共建国家相关高校提供了国际化高层次交流研讨平台,六届与会代表累计超过1200人次。通过研讨"一带一路"建筑类创新人才培养及联盟内高校人才培养共享机制、"一带一路"共建国家城市基础设施建设、建筑遗产保护、可持续发展对建筑类人才和创新技术的需求,探讨进一步推动国际化人才联合培养与科技创新合作的方向。

(1)联盟成立大会和校长论坛(2017年10月,中国北京)

2017年10月10日,在北京建筑大学召开了"一带一路"建筑类大学国际联盟成立大会和校长论坛,北京市教育委员会副巡视员葛巨众、来自国内外25所建筑类大学共计百余人共同见证"一带一路"建筑类大学国际联盟正式成立。

当天下午举行的校长论坛上,北京建筑大学校长张爱林、美国夏威夷太平洋大学校长约翰·乔坦达、保加利亚索非亚土木建筑及大地测量大学校长伊万·马尔可夫、韩国大田大学校长李钟瑞、沈阳建筑大学校长石铁矛、吉林建筑大学校长戴昕、俄罗斯建筑土木科学院院士帕维尔·阿基莫夫、法国马恩·拉瓦雷大学副校长弗里德里克·杜马泽、法国英科工大副校长文森特·希克斯、安徽建筑大学校长方潜生、马来西亚大学联盟主席拿督斯里黄子炜、山东建筑大学副校长范存礼、河北建筑工程学院校长师涌江分别发言,与会代表紧密围绕"一带一路"倡议下建筑类大学国际交流合作与创新人才培养的主题进行深入的探讨和交流,大家畅所欲言、相互借鉴,深入全面介绍各学校办学特色、国际交流与合作的成绩和经验并对联盟建设和可持续发展提出了很多很好的建议。

会议确认北京建筑大学是联盟秘书长和首任轮值主席单位。

(2)2018年联盟年会议暨校长论坛(2018年9月,马来西亚吉隆坡)

2018年9月27日,2018年联盟会议暨校长论坛在马来西亚理工大学隆重召开。来自国内外13所建筑类大学校长和代表共计50余人与会,共同研讨推进"一带一路"建筑类大学国际联盟建设,进一步创新务实合作,并围绕"一带一路"建筑类创新人才培养及"一带一路"共建国家城市基础设施建设与建筑遗产保护两个主题展开深入交流。

校长论坛上,北京建筑大学校长张爱林、保加利亚索非亚土木建筑及大地测量大学校长伊万·马尔可夫、马六甲伊斯兰大学学院副校长巴哈鲁迪安、山东建筑大学国际交流合作处处长陈宝明、马来西亚博特拉大学设计与建筑学院副院长约哈里、马来西亚测绘大学学院副校长纳琪拉、马来西亚国立大学副教授阿兹兰、英迪国际大学高级讲师艾利克斯分别发言,与会代表紧密围绕"一带一路"建筑类创新人才培养及"一带一路"共建国家城市基础设施建设与建筑遗产保护两个主题进行深入的探讨和交流,大家畅所欲言、相互借鉴,深入全面介绍各学校办学特色、国际交流与合作的成绩和经验,积极为联盟建设和可持续发展建言献策。

(3)2019年联盟会议暨校长论坛(2019年10月,俄罗斯莫斯科)

2019年10月11日,"一带一路"建筑类大学国际联盟2019年会议暨校长论坛在俄罗斯莫斯科国立建筑大学召开。中华人民共和国驻俄罗斯联邦大使馆教育处公使衔参赞曹士海先生出席2019年联盟会议暨校长论坛并讲话,对推进"一带一路"倡议共建国家教育交流与合作进行了成果分享。他相信,联盟将促进中俄建筑类高校的合作走向深入,同时联盟自身建设将进入一个崭新阶段。俄罗斯联邦科学与高等教育部国际合作司司长伊·尼·加尼申先生、莫斯科城市规划政策局局长谢尔盖·伊万诺维奇·廖夫金先生分别向2019年联盟会议暨校长论坛致贺信。俄罗斯联邦科学与高等教育部国际合作司司长伊·尼·加尼申先生为本次大会发来的贺信,称赞联盟是全世界独一无二的论坛平台,能够更好地促进下一代人才的培养,符合俄中高等教育的合作创新理念。莫斯科城市规划政策局局长谢尔盖·伊万诺维奇·廖夫金先生在贺信中充分肯定了"联盟"的成立对于推动社会发展、培养更多专业人士起到至关重要作用。"联盟"将在推动俄中教育交流、"莫斯科—北京"友好姐妹城市交往中起到积极作用。

与会代表紧密围绕联盟内高校人才培养共享机制及"一带一路"共建国家基础设施建设的科技创新两个主题进行深入探讨和交流。大家互相学习,相互借鉴,详细分析"一带一路"背景下联盟建设和可持续发展面临的机遇与挑战,推动实现教育发展,合作联动,成果共享。本次会议确定北京建筑大学为联盟主席单位,北京建筑大学校长张爱林为联盟主席。

(4)2020年联盟会议暨校长论坛(2020年10月,法国里尔,线上)

2020年10月30日,"一带一路"建筑类大学国际联盟2020年会议暨校长论坛以"云会议"形式举办。作为联盟发起单位和主席单位,北京建筑大学牵头与法国犹尼亚高等工程师学院共同承办了此次会议。来自12个国家26所高校的150余名中外建筑类高校校长、专家学者通过采用"线上+线下"的方式,聚焦"构建'一带一路'建筑教育共同体"主题,共同探讨建筑工程领域创新人才培养与交流合作,以及全球疫情常态化背景下,如何应对未来发展的新机遇与新挑战,以期进一步推动"一带一路"共建国家建筑类大学的交流合作。北京市教育委员会一级巡视员黄侃,北京市人民政府外事办公室党组成员、副主任于海永,法国上法兰西大区副区长萨瓦托·卡斯蒂格朗出席大会。首届"'一带一路'建筑类大学国际联盟大学生建筑和结构设计竞赛"结果同期揭晓。

在校长论坛环节,来自7个国家的15位中外大学校长紧密围绕"构建'一带一路'建筑教育共同体"主题,就如何推进联盟绿色可持续发展积极献计献策,倾力分享各校先进建筑类教育经验,着力探讨共享优质教育资源,全力推动各国建筑类教育提速发展,促进民心相通,提供人才支撑,力争发挥教育对社会发展的主导和引领作用,呈现了一场跨越国界的教育交流与人才培养的饕餮盛宴。

(5)第五届联盟年会暨第五届中国—中东欧国家首都市长论坛"韧性城市 智慧发展"分论坛(2021年11月,波黑萨拉热窝,线上)

2021年11月19日,由北京市人民政府(中国)和萨拉热窝市政府(波黑)主办、北京建筑大学和波黑莫斯塔尔大学联合承办的第五届中国—中东欧国家首都市长论坛"韧性城市 智慧发展"分论坛暨第五届"一带一路"建筑类大学国际联盟年会在云端召开。会议共吸引中国、英国、土耳其、哈萨克斯坦、意大利、塞尔维亚、波黑、亚美尼亚、保加利亚、黑山、葡萄牙、希腊、俄罗斯、印度尼西亚、美国15个国家39所高校与机构的200多名代表参加。此次论坛作为中国—中东欧国家首都市长论坛框架下重要的平行活动,以"韧性城市 智慧发展"为主题,为来自"一带一路"共建国家以及中东欧国家相关高校提供了很好的交流研讨平台。在全球抗击疫情的背景下,联盟成员云端相聚,共襄义举,彰显了对共同命运的责任担当,体现了对高等教育信息化、多元化、全球化的真诚期待。

会上,《"一带一路"建筑类大学国际联盟发展宣言》与《"一带一路"建筑类大学国际联盟五年行动计划(2021—2025)》正式对外发布。各成员单位承诺,将坚持共商共建共享,完善联盟运行机制,推动建立多层次多模式的国际合作网络;坚持开放包容理念,加强科研国际协同与创新,打造高端国际创新合作平台;坚持以人为本原则,追求高标准、惠师生、可持续,分阶段推进联盟内学分互认、学历互认、学位互授。行动计划提出,到2025年,联盟要在全球范围内聚集一大批建筑领域的参与主体,建立起有效畅通的内外沟通合作渠道,共同构建交流合作平台,共同探索建筑类学科及建筑类大学创新发展机制。

会上还对外发布了"Global Campus-暑校共享计划"倡议,倡议号召推动联盟间暑校共享,加速落实学分互认,提供暑校"学费减免"名额或者其他课程共享政策。

论坛邀请了来自4个国家的5位专家围绕治理"大城市病"这一共性议题做主旨报告,分享了智慧理念和技术经验,为提升城市管理水平、推动城市绿色韧性发展提供借鉴。

在论坛分享环节,全国工程勘察设计大师、北京建筑大学建筑与城市规划学院院长张杰,DunavNET联合创始人、黑山下格里查大学访问学者Srdjan Krco,波黑莫斯塔尔大学副校长、教授Ivo Čolak,塞尔维亚诺维萨德大学数字设计中心创始人Vesna Stojaković以及波黑联邦议会议员、萨拉热窝州总理城市规划与设计高级顾问Nasiha Pozder等5位专家,分别以《基于历史性城镇景观方法的中国历史文化城市可持续管理》《数据的价值:从智慧城市到可持续城市》《莫斯塔尔古桥重建项目》《数字设计在建筑和城市规划中的应用及前景》《智慧萨拉热窝》为主题分享报告。

（6）联盟成立5周年纪念大会暨建筑类高等教育论坛（2022年11月，中国北京，线上）

2022年11月11日，"一带一路"建筑类大学国际联盟成立五周年纪念大会暨建筑类高等教育论坛以线上形式召开。会议共吸引来自中国、英国、法国、波黑、波兰、意大利、塞尔维亚、黑山共和国、希腊、亚美尼亚、俄罗斯、马来西亚、印度尼西亚、吉尔吉斯斯坦14个国家40余所国内外高校与机构的200余名代表参加。北京市人民政府外事办公室副主任李轶、北京市教委副主任孙其军、北京市科学技术协会副主席郭鲁钢等参加会议。各位代表在"联盟"五周年庆典之际，回首过去，展望未来，共同探讨全球疫情常态化背景下，如何应对世界形势变化带来的新机遇与新挑战，以期进一步推动"一带一路"共建国家建筑类大学的交流合作。

在以"打造'一带一路'建筑类教育行动升级版"为主题的建筑类高等教育论坛上，共有来自中国南昌大学、中国武汉大学、印度尼西亚泗水理工学院、意大利米兰理工大学、英国东伦敦大学的6位专家作主旨报告，紧密围绕"联盟"在促进成员高校建筑类教育发展中的作用、全球疫情考验下的建筑类高等教育新趋势、建筑类大学治理体系建设经验、建筑类高校服务"一带一路"建设的实践探索与理论创新及如何打造服务"一带一路"建筑类教育升级版等开展研讨。

会上，联盟五周年纪念标识正式发布，2022"一带一路"国际大学生数字建筑设计竞赛颁奖仪式暨基金捐赠仪式成功举办。

2. 举办六届"一带一路"暑期国际学校，共筑教育与友谊桥梁

北京建筑大学围绕"一带一路"基础设施建设和可持续发展急需的专业方向、智慧城市的建设、管理，以及城市规划的可持续发展等前沿学术话题，组织高水平专家讲座报告、学员学术研讨及文化交流，得到了亚美尼亚国立建筑大学、保加利亚索非亚土木建筑及大地测量大学、俄罗斯圣彼得堡国立建筑大学、希腊塞萨洛尼基亚里士多德大学、塞尔维亚诺维萨德大学、黑山下格理查大学、重庆交通大学、青岛理工大学、安徽建筑大学、南昌大学、河北建筑工程学院、天津城建大学等联盟高校的广泛参与。6年来，吸引了来自70余所国内外高校、1000余名中外师生欢聚一堂，共同学习，为来自不同国家和地区的学生和青年学者提供一个学术和文化的国际交流平台。

（1）首届暑期国际学校（2016年7月）

首届暑期国际学校本着开放办学的思想，旨在会集建筑与土木工程领域全球范围内的顶尖专家，为国内外学生提供一个交流和学习的平台。本次暑期国际学校聘请了来自英国西苏格兰大学、意大利那不勒斯大学等海外一流大学的外籍教师和国际著名建筑设计师、中国工程院院士等国内教师授课。暑期国际学校课程

设置,重点突出建筑类高校专业特色,兼具首都文化和语言交流,内容涵盖建筑学、土木工程学、文化学、传播学等领域。常规课程之余,暑期国际学校还安排了丰富的文化实践活动,学生们亲身了解和体验中国传统建筑与现代建筑。

其中,中国工程院院士、中国建筑设计研究院副院长兼总建筑师崔愷课程主题为"建筑中的文化"。他介绍了自己的建筑设计理念——本土设计(land-based rationalism),即让建筑成为当地环境的一部分。崔院士以自己的作品为实例,详细地展示了他的每一个建筑的设计过程以及设计理念。通过他的讲解,同学们对建筑设计有了更直观的认识。

首届暑期国际学校的成功举办,不仅使广大学子学习了解建筑与土木工程领域前沿研究成果和最新研究方向,开阔学术视野,而且对参与的师生都是一次宝贵的体验、一份难得而崭新的收获。

来自12所国(境)内外院校的229名师生参与了本届暑期国际学校。

(2)第二届暑期国际学校(2017年7月)

第二届暑期国际学校聚集了全国勘察设计大师胡越,意大利建筑设计师Francesco,西班牙著名建筑师、英国朴次茅斯大学教授David Picazo以及来自美国北达科他州立大学、美国普渡大学、美国俄克拉荷马大学、奥地利维也纳农业大学、加拿大瑞尔森大学的国际著名教授来校授课。

暑期学校旨在为来自不同文化背景的学生提供一个共同学习新知识、交流新思想的平台,希望同学们能够通过亲身参与进一步增进对北京建筑大学、对北京以及对中国的了解,并把这些经历分享给更多的人,进而促进中外人文交流,提升北京建筑大学和联盟的国际知名度与影响力。

来自保加利亚索非亚土木建筑及大地测量大学、中国建筑领域土木类专业卓越工程师教育校企联盟的国内外15所院校的师生参加了本届暑期国际学校,其中包括来自保加利亚、希腊、哈萨克斯坦、阿尔巴尼亚、土库曼斯坦5个"一带一路"共建国家留学生的参与。

(3)第三届暑期国际学校(2018年7月)

本次暑期国际学校聘请了来自英国南威尔士大学、保加利亚索非亚土木建筑及大地测量大学、亚美尼亚国立建筑大学等海外一流大学的教师和国际著名建筑设计师及教授进行授课。国内外学员在此次学习和交流的基础上,取长补短,互通有无,继续增进沟通和加强彼此交流,暑期国际学校已成为同学们开阔国际视野、提高跨文化交际能力的国际舞台,为来自不同国家和文化背景的师生提供了一个传播优秀文化、学习新知识、交流新思想的平台。

来自国内外14所高校的师生参加了此次暑校,并开展了广泛交流。

(4)第四届暑期国际学校(2020年8月,线上)

来自"一带一路"建筑类高校国际联盟和国内卓越工程师联盟的14个国家、12

所高校的 309 名师生参加了第四届暑期国际学校。

本届线上暑期国际学校基于北京建筑大学建筑学、土木工程等优势专业开设系列学术讲座,邀请了来自全球各地优秀高校的海外高层次人才,包括欧洲科学院院士 Giuliano Panza、加拿大瑞尔森大学教授 Ahmed Shaker、株式会社藤田首席研究员 Demin Feng、可持续建筑领域的知名学术专家和实践者刘少瑜教授、美国密歇根理工大学教授代青利,以及北京建筑大学优秀的青年海外高层次人才单晓微、聂金哲、刘然彬。

各国师生欢聚线上,了解最前沿的学科动态的同时,收获了知识和友谊。暑期学校课程围绕当下流行的学术热点,既有绿色建筑的设计及评价体系、疫情带来的隐形环境问题、机器人与建筑工业化、新型地震灾害评估办法等前沿话题,又有遥感在土木工程中的应用、混凝土的耐久性研究、大地震后的技术对策等专业领域,进一步探索建立面向工科学生的跨国家、跨文化、跨学科交流与创新的第二课堂。

(5)2021"智慧城市"暑期国际学校(2021 年 8 月,线上)

2021 年 8 月,依托联盟,北京建筑大学与国际摄影测量与遥感学会联合举办了2021"智慧城市"线上暑期国际学校,邀请国内外专家学者就智慧城市的建设、管理以及城市规划的可持续发展等前沿学术话题开设课程,来自 27 个国家、56 所高校的 299 名中外学生参加,其中超过半数为外籍学生,为来自不同国家和地区的学生和青年学者提供一个学术和文化的国际交流平台。

本次暑期学校由国际摄影测量与遥感学会(ISPRS)与北京建筑大学联合举办,中国建设领域土建类专业卓越工程师教育校企联盟协办。参与高校包括英国伦敦大学学院、澳大利亚科廷大学、菲律宾大学、南非开普敦大学等 ISPRS 学生联盟高校,俄罗斯圣彼得堡国立建筑大学、黑山共和国下格理查大学等"一带一路"建筑类大学国际联盟高校,西安建筑大学、吉林建筑大学、南京工业大学等中国建设领域土建类专业卓越工程师教育联盟高校。

本届暑期学校延续 5 天,共安排 12 场学术报告,聚焦智慧城市的建设、管理以及城市规划的可持续发展,介绍构建智慧城市的创新方法、实践技术、成功案例,邀请了土耳其伊斯坦布尔科技大学 Orhan 教授、澳大利亚新南威尔士大学 Sisi 教授、挪威 Aker Solutions 高级工程师贾军波博士、挪威科技大学范红超教授、巴基斯坦伊斯兰堡巴利亚大学 Muhammad 教授、美国奥本大学 Michael 助理教授、中央华盛顿大学党洪涛助理教授、美国天主教大学苏毅博士、北京建筑大学徐世硕副教授、单晓微副教授等海内外优秀师资。

(6)2022"韧性城市"暑期国际学校(2022 年 7 月,线上)

2022 年 7 月,依托联盟,北京建筑大学与国际摄影测量与遥感学会联合举办了2022"韧性城市"线上暑期国际学校,本次暑期学校由中国建设领域土建类专业卓越工程师教育校企联盟协办。

参与高校包括美国奥本大学、荷兰特文特大学、伊朗德黑兰大学、菲律宾大学等 ISPRS 学生联盟高校，俄罗斯圣彼得堡国立建筑大学、希腊塞萨洛尼基亚里士多德大学、重庆交通大学、青岛理工大学、安徽建筑大学、南昌大学等"一带一路"建筑类大学国际联盟高校，沈阳建筑大学、吉林建筑大学、昆明理工大学、天津城建大学等中国建设领域土建类专业卓越工程师教育联盟高校。

历时一周的线上课程围绕"韧性城市"相关学术热点和学生感兴趣的话题开设了 14 场高水平讲座报告，涵盖了建筑规划、工程技术、测绘遥感、智能建造、机器人工程、建筑工程管理等领域，邀请了意大利米兰理工大学 Luca Maria Francesco Fabris、加拿大自然资源部 Mozhdeh Shahbazi、美国新建筑与设计学院 Daniela Deutsch、奥本大学 Dongye Zhao 和 Junshan Liu、中佛罗里达大学 Peng Sun、英国雷丁大学 Stuart Green 和 Emmanuel Essah、巴基斯坦伊斯兰堡巴利亚大学 Muhammad Ramzan、国际摄影测量与遥感学会学生联盟 Laxmi Thapa、中国同济大学黄炜、北京建筑大学李梦一欣、单晓微、徐世硕等海内外优秀师资。

本届暑期国际学校吸引了来自 29 个国家、66 所高校和科研机构的 228 名中外学生参与，参与国别和高校数量均创历史新高，展现了"一带一路"暑期国际学校日益增强的国际影响力。

3. 连续举办 3 届"一带一路"国际大学生数字建筑设计竞赛，搭建竞技与互鉴的舞台

竞赛由"一带一路"建筑类大学国际联盟发起、北京建筑大学主办，得到了联合国教科文组织、国际摄影测量与遥感学会、G-Global 等国际组织的大力支持。经过三年的探索与发展，竞赛累计吸引了 15 个国家、50 余所高校、1500 余名师生参与，影响力、知名度、专业权威性及参与率与日俱增，有效促进了"一带一路"建筑类大学科技创新与教育交流，已成为国际大学生之间的学术和文化交流盛会，中外大学生们置身于"一带一路"共建国家建设的前沿，用自己的专业知识和创意思维，践行着民心互通、政治互信、文化包容的"一带一路"倡议。

竞赛始终紧贴数字化时代趋势，服务"一带一路"建设需要，围绕共建和平之路、繁荣之路、开放之路、绿色之路、创新之路、文明之路的发展路径，设置数字建筑设计、数字结构设计、地理场景建模与表达三个方向，历届竞赛主题包括历史城区中的"未来图书馆""韧——唤起运河之魂""铁路——架起'丝路'新纽带"等，旨在引导各国大学生以"数字化"思维思考沿线城市的历史文脉延续、综合品质提升与可持续发展，展示并提升当代大学生的创新能力和综合素质，并以此积极促进联盟成员间教育、科学、文化领域的深层次交流合作与共享。

3 届竞赛评审阵容强大，具备国际性、权威性。组委会聘请中国工程院院士、全国工程勘察设计大师崔愷、挪威工程院院士贾军波、国际摄影测量与遥感学会第四技术委员会主席 Sisi Zlatanova 为特聘专家进行指导，共 11 个国家的 24 名专家

组成三个方向的评审小组,最终评选出获奖作品。

通过竞赛赛事组织、竞赛作品集出版、竞赛宣传片记录总结、竞赛证书奖牌激励、竞赛作品展览展示、竞赛团队与企业交流,深度挖掘打造联盟品牌活动价值与影响力。

(1)2020国际大学生建筑和结构设计竞赛

2020年,"一带一路"建筑类大学国际联盟首次组办了2020国际大学生建筑和结构设计竞赛。大赛以"一带一路 建设未来"为主题,其宗旨是培养大学生的科技创新精神和实践能力,提高大学生科学素养和科研技能水平,为增强各国大学生之间的学术和文化交流,促进"一带一路"建筑类大学交流合作搭建平台。来自国内外18所高校、50个参赛队伍、250余名师生针对"历史城区中的未来图书馆"和"融入周边环境的特色桥梁设计"的题目开展深入调研和创新设计,充分展现了"一带一路"不同国家的文化内涵、历史风貌和风土人情。

"建筑教育需要激发学生的创造力、艺术潜能和空间想象力,国际交流和交往在其中发挥着重要的作用。而举办国际竞赛是促进各国师生沟通交流的一个途径。通过竞赛,大家相互传授知识和相互学习借鉴,填补各校在学术研究方面的空白,促使大家对课程进行定期更新以跟上世界最前沿的趋势。"亚美尼亚国立建筑大学代理校长叶吉扎尔·瓦尔达尼扬(Yeghiazar Vardanyan)教授在贺信里说。

(2)2021国际大学生建筑设计与数字建模竞赛

2021国际大学生建筑设计与数字建模竞赛以"韧——唤起运河之魂"为主题,围绕"一带一路"运河古镇"修旧如旧"城市更新、可持续发展,设立了建筑设计、土木结构、建筑与场景数字建模三个赛题方向,并附加运河古镇风情国际摄影大赛。

竞赛由北京国际和平文化基金会、北京和苑博物馆共同协办,得到联合国教科文组织、国际摄影测量与遥感协会、中国测绘学会、G-Global、中国丝路集团有限公司、广联达科技股份有限公司、北京建大资产经营管理有限公司及联盟各成员校的大力支持和参与。

虽然受到新冠疫情影响,竞赛依然吸引了来自13个国家的34所高校、500余名师生参与。本届竞赛参赛作品数量大幅上升,充分体现了联盟号召力、凝聚力、影响力的持续增强,促进了"一带一路"建筑类大学科技创新与教育交流。

作为2021国际大学生建筑设计与数字建模竞赛的附加赛,摄影大赛主题聚焦"水韵古镇、光影运河",重点围绕"一带一路"区域运河沿线古镇的特色建筑、地理景观、人文景观等进行拍摄。大赛收到70位摄影师提交的190幅国内外相关摄影作品,展现了运河沿线人文历史记忆符号、地域文化体系及精神内涵、特色景观等。

2021年11月,2021国际大学生建筑设计与数字建模竞赛作品展、"一带一路"运河古镇风情国际摄影展、中国—中东欧建筑风情新剪纸艺术展三大展览以线上、线下相结合的形式举办，通过建筑结构设计、数字建模、摄影艺术、中国剪纸等多重视角，诠释科技、艺术与文化在深化"一带一路"合作、共建人类命运共同体中的重要作用。

北京国际和平文化基金会、北京和苑博物馆、G-Global 国际秘书处、中国丝路集团有限公司、广联达科技股份有限公司等协办单位及支持单位纷纷发来贺信贺电表示祝贺。

"这次竞赛主题，聚焦'一带一路'运河，同时附加'一带一路'运河古镇风情国际摄影大赛，做到了两个结合，将传统运河文化与现代科学技术结合起来，将摄影艺术视角与建筑建模设计结合起来，展现了来自共建'一带一路'国家不同的运河的文化内涵、历史风貌和民俗风情，增强了各国大学生之间的学术和文化交流。培养人才，创造科学教育品牌，推进国际合作，既是中国梦也是国际社会的期盼。"北京国际和平文化基金会主席、北京和苑博物馆馆长李若弘博士在贺信里说。

（3）2022"一带一路"国际大学生数字建筑设计竞赛

2022"一带一路"国际大学生数字建筑设计竞赛以"铁路——架起'丝路'新纽带"为主题，旨在引导各国大学生以"数字化"思维思考铁路及沿线城市的历史文脉延续、综合品质提升与可持续发展，围绕铁路及设施建设与管理、城市更新、建筑遗产保护、环境监测等方向，运用计算机辅助、虚拟现实、数字孪生、地理信息系统、遥感技术等新技术，设立了数字化建筑设计、数字化结构设计、地理场景建模与表达三个赛题方向。

本次竞赛由中国宋庆龄基金会、中国丝路集团有限公司、北京国际和平文化基金会共同协办，得到联合国教科文组织、G-global、国际摄影测量与遥感协会、丝路国际公益基金、北京和苑博物馆、中国企业文化促进会、中国交通运输协会"一带一路"物流分会、广联达科技股份有限公司、中国铁路设计集团有限公司、北京建大资产经营管理有限公司、中测国际地理信息有限公司、武汉大势智慧科技有限公司及联盟各高校的大力支持和参与。同时，中国建筑设计研究院本土设计研究中心及北京未来城市设计高精尖创新中心对竞赛给予特别支持。

本届竞赛参赛团队数量和作品提交数量再创历史新高，吸引了来自11个国家的45所高校、650余名师生参与，提交参赛作品百余件。经过3年的探索与发展，竞赛的影响力、知名度、专业权威性及参与率与日俱增，已成为国际大学生之间的学术和文化交流盛会。

中国丝路集团有限公司董事长闫立金在贺信中写道："'一带一路'国际大学生数字建筑设计竞赛为推动线上线下融合式开展教育合作、助力丝绸之路沿线教育协同发展提出了一种新的可能。我们希望通过竞赛的持续举办，加强丝绸之路沿线各国人文交流、科技合作、产业发展，弘扬'和平合作、开放包容、互学互鉴、互利共赢'的丝绸之路精神，推动丝绸之路沿线教育领域务实合作。未来，丝路集团将携手'一带一路'建筑类大学国际联盟,为丝绸之路沿线各国大学生搭建多元化学术和实践平台,推动教育科技助力数字经济发展空间及人类可持续发展。"

4. 连续两年开展 Global Campus-暑校共享计划,打造跨越国界、面向未来的国际校园

为推进优质教育资源共享,提升成员的国际化教育质量,联盟于 2021 年发起了"Global Campus-暑校共享计划",联盟成员北京建筑大学、青岛理工大学、南昌大学、武汉大学、希腊塞萨洛尼基亚里士多德大学、美国新建筑与设计学院、新加坡南洋理工大学、印度尼西亚泗水理工学院、俄罗斯莫斯科国立建筑大学、俄罗斯圣彼得堡国立建筑大学等高校,联合组织开设了 30 多个全英文暑校项目。经过项目征集、招生宣传、学生申报、择优录取等环节,来自 32 个国家、74 所高校的 517 人通过暑校共享计划获得免费暑期学习名额、互认学分和学习证明,有效推进优质教育资源共享,推动学分互认机制,打造跨越国界、面向未来的国际校园。

(1)学生感想

① 俄罗斯圣彼得堡国立建筑大学学生　Kristina Astashkevich

参与项目:北京建筑大学 2021"智慧城市"暑期国际学校

学生感想:当我从学校的社交媒体上看到了北京建筑大学 2021"智慧城市"暑期国际学校的报名通知时,我当即决定抓住这次机会,报名参加了这个国际项目。我相信,参与暑期学校不仅是个与众不同的体验,还能收获必不可少的知识。这次暑期学校扩展了我在现代建筑建造科学许多领域的知识。对于大部分参与者来说,英语都不是我们的母语,我们的交流会遇到一些困难。尽管如此,授课内容的丰富性、讨论主题的多样性以及教师清晰易懂的讲解,都给我留下了深刻的印象。我一直认为,中国科学发展潜力巨大,这次暑期学校的体验再次印证了这一点。这次暑校的各项安排都是超高水准的。作为一名学生,我衷心祝愿中俄两国关系日益密切,文化交流不断加强。

② 俄罗斯莫斯科国立建筑大学学生　Azis Azzuhri Qadrawi

参与项目:武汉大学 2021 年地球空间信息科学国际暑期学校

学生感想:我从学校官网上看到了 Global Campus-暑校共享计划的项目通知。在众多暑期学校项目中,我选择了"2021 年地球空间信息科学国际暑期学校"。选择这一项目的原因很简单,我对"多时相 SAR 干涉测量技术在减灾中的应用"这一主题十分感兴趣。对我来说,这是一个新课题。我坚信,兴趣是最好的老师。从这门课中,我学到了很多关于 SAR 的知识。最让我印象深刻的,是 SAR 在检测灾害中的广泛应用。而且,SAR 能够不受天气和光线的影响发挥作用,这一点真的很酷。受疫情影响,这次课程主要通过 Zoom 在线进行,因此我对中国的了解还不是很多。但是,我越来越坚信,中国是我未来旅游、学习的理想国家。

③ 重庆交通大学学生　刘梓萌

参与项目:俄罗斯圣彼得堡国立建筑大学北极生态旅游综合体的建筑国际暑期学校

学生感想:我通过老师推荐了解到 Global Campus-暑校共享计划,并报名参加了俄罗斯圣彼得堡国立建筑大学北极生态旅游综合体的建筑国际暑期学校。选择这一项目的原因主要在于,我认为这个项目非常有趣,而且充满挑战性,可以帮助我了解不同国家对建筑设计的不同看法。暑校期间,我收获颇丰,学习了低温环境下及俄罗斯地区的各种建筑要素。令我印象深刻的是圆桌讨论环节,大家都踊跃发言,积极分享自己方案的同时,也学习了其他方案的优点,从而可以进一步思考、改进自己的设计。在我眼中,俄罗斯是一个幅员辽阔、风景优美的国家。在几千年的悠久历史中,俄罗斯人民创造了丰富的人类文化和艺术。辽阔的地域激发了俄罗斯人优秀的文化,深深地触动了我。我相信,这个项目可以促进中俄文化交流。希望中俄两国继续携手合作,共创美好未来。

④ 南昌大学学生　邢雯瑾

参与项目:希腊塞萨洛尼基亚里士多德大学金融犯罪、腐败和洗钱的最新发展(欧洲和国际视角)

学生感想:在2022年"一带一路"建筑类大学国际联盟 Global Campus-暑校共享计划中,我参加了由希腊的塞萨洛尼基亚里士多德大学举办的暑校活动,教授们从欧洲和国际视角为我们介绍了金融犯罪、腐败和洗钱的最新发展。通过此次讲座系列活动,我对金融犯罪等方面的知识有了突破性认识,能从多角度、多元化、全方位的视角更加理性地认识金融犯罪、腐败和洗钱等全球性问题,开阔了我的国际视野,我的思维视角因此走向理性,使我受益良多。

⑤ 希腊塞萨洛尼基亚里士多德大学学生　Christina Erato Zymvragou

参与项目:北京建筑大学 2022"韧性城市"暑期国际学校

学生感想:非常荣幸通过"一带一路"建筑类大学国际联盟 Global Campus-暑校共享计划获得了免费参加北京建筑大学2022"韧性城市"暑期国际学校的机会。我叫 Christina Erato Zymvragou,是塞萨洛尼基亚里士多德大学的一名博士生。经过本届暑期学校的学习,我发现机器人在日常生活中扮演的角色十分有趣。它可以被当作玩具,提供娱乐活动,也可以作为外骨骼,为帮助身体康复等医疗目标出一份力。我十分享受每天与大家交流,了解外面发生的事情,探索各种可能性,这些经历让我感到很兴奋。阿尔伯特·爱因斯坦曾说:逻辑会把你从 A 带到 B,想象力能带你去任何地方。

参加这次暑期学校学习,使我愈发想要学习更多土木工程和建筑相关知识。所有的课程都非常有趣,我也随之了解了环境污染和城市发展中的问题。我计划继续围绕这些主题进行学习,最大限度地获取知识,以便贡献自己的一份力量、帮助改变现状。

⑥ 北京建筑大学学生　沈亚萌

参与项目:美国新建筑与设计学院暑期工作坊(数字珠宝设计)

学生感想:我通过老师在微信群中发布的消息了解了"一带一路"建筑类大学国际联盟 Global Campus-暑校共享计划,并决定克服时差和语言问题参加美国新建筑与设计学院珠宝设计暑期工作坊,学习珠宝设计和数字设计的相关知识。在本届暑校的课程中,我学习了不少建模软件 Rhino 的操作指令,也参与了编程软件 Grasshopper 的数字建模过程。我从中认识到,数字建模在现代社会是十分必要且重要的。此外,使用 Grasshopper 编程避免了参数化建模中多种操作指令的重复,这种便利性确实也让我印象深刻。

我一直心怀梦想,希望能够参与国际学术讨论。这次工作坊帮助我实现了这个梦想,使我受益匪浅。作为一名学生,我由衷地感谢美国新建筑与设计学院和北京建筑大学提供的学术平台,并期待今后能够参与更多的文化交流活动!

⑦ 塞尔维亚诺维萨德大学学生　Nikola Ćopić

参与项目:新加坡南洋理工大学暑校项目(元宇宙中的科学探索)

学生感想:作为参与"一带一路"建筑类大学国际联盟 Global Campus-暑校共享计划的学生之一,我有幸免费参加了由新加坡南洋理工大学主办的"元宇宙中的科学探索"课程。

学习完过去几个月的课程后,我想和大家分享很重要的一点,这对于各位刚刚迈入专业领域的年轻工程师们而言意义重大:我意识到科技的发展十分迅速,我们现在觉得可能具有未来主义风格的事物实际上已经存在于世界上的其他地方;因此,当下仅仅成为一名工程师是远远不够的,如果我们想在就业市场上保持竞争力,我们需要涉足的主要领域是大数据、数据科学和数据分析、人工智能和机器学习,因为第四次工业革命早已开始,当下即未来。

课程十分精彩,老师也都很优秀,亨利老师给予了我所需的一切支持,也传授给我很多知识。我希望能举办更多类似的课程,这样我们学生便有机会向南洋理工大学的优秀教师们学习,可能的话我也很乐意参加一些实地教学活动。

⑧ 俄罗斯圣彼得堡国立建筑大学学生　王栋梁

参与项目:2021 年北京建筑大学"智慧城市"暑期国际学校、2022 年武汉大学地球空间信息科学国际暑期学校

学生感想:我是一名俄罗斯圣彼得堡国立建筑大学的博士研究生,专业是给排水科学与工程。我分别参加了由国际摄影测量与遥感学会、北京建筑大学联合主办的 2021 年"智慧城市"暑期国际学校和由武汉大学测绘遥感信息工程国家重点实验室主办的 2022 年地球空间信息科学国际暑期学校。

我通过圣彼得堡国立建筑大学的官方网站及大学外务处办公室的宣传材料了

解了此次活动,圣彼得堡国立建筑大学对北京建筑大学、"一带一路"建筑类大学国际联盟及各个暑期学校项目做了详细的介绍,对此我很感兴趣,决定报名参与学习。

作为给排水科学与工程专业的博士研究生,我对暑期学校的主题——"智慧城市"与"智慧地球"非常感兴趣,这是非常热门、高速发展的研究领域。我认为开展这类学术活动很有意义,主要体现在以下3个方面:第一,每堂讲座,我都记了很多笔记,并通过电子邮件与教授进行互动,为我的科学研究提供了新思路;第二,此次暑校提供了一个高效的沟通交流平台,我结识了很多来自不同国家的学者与同事,暑校后我们围绕彼此的研究方向经常进行讨论;第三,此次暑校讲座中所探讨的主题很热门,帮助我了解了专业发展趋势与现状,帮助我认识到国际专业当前的发展现状。

近年来,中俄关系稳步向前,两国青年合作达到了前所未有的水平。中俄在上海合作组织、金砖等多边框架内不断深化青年合作,为国际社会树立了典范。双方青年外交官、企业家、学者、记者互访热络,青年创新创业、文化艺术、科学教育等领域互动频繁。两国青年可以联盟这样的平台为契机,共叙友谊、共同进步。

我相信新时代的中俄青年必将接过传承两国世代友好的接力棒,为中俄关系发展增添更多丰富内涵和生机活力。

(2)教师视角

① 俄罗斯圣彼得堡国立建筑大学国际关系处处长　Svetlana Petrova

2021年,俄罗斯圣彼得堡国立建筑大学首次加入了"一带一路"建筑类大学国际联盟 Global Campus-暑校共享计划。这一共享计划不仅帮助我们招收了来自世界各地的联盟高校学生,也为我校学生提供了参与"智慧城市"暑期国际学校等项目、学习新知识的机会。这些富有成效的交流和专业学习项目交换进一步加深了不同高校间的互学互鉴,这一点在全球疫情蔓延时期尤为重要。2022年,我校依然会加入 Global Campus-暑校共享计划。

② 北京建筑大学测绘与城市空间信息学院外事秘书　郭贤

无论是作为北京建筑大学测绘与城市空间信息学院的外事秘书,还是一名普通教师,我真真切切地感受到了"一带一路"建筑类大学国际联盟服务师生的平台功能,为我校师生参与国际学校、科研合作、学生竞赛、国际会议等提供了丰富的资源。

依托联盟平台,我院与塞尔维亚诺维萨德大学技术科学学院联合申报"基于人工智能的中欧班列沿线城市生态环境遥感监测"项目,获得"2020年中国—中东欧国家高校联合教育项目"优先资助;我院师生参与了由俄罗斯秋明工业大学主办的2021"点燃创新之火"国际大学生创业大赛,获"最佳表现奖"。

2021年暑期,借由联盟发起的 Global Campus-暑校共享计划,我院7名学生获得了免费参与俄罗斯圣彼得堡国立建筑大学、武汉大学等国内外一流高校暑期国际学校的机会。通过"Global Campus-暑校共享计划"丰富的项目选项,学生们充分感受到了国际化的学习氛围、多元化的文化背景及多学科领域的互动交流,受益匪浅,收获颇丰。

③ 希腊塞萨洛尼基亚里士多德大学国际关系部部长　Dimitra Mentekidou

我校十分荣幸能够参与 2022 年"一带一路"建筑类大学国际联盟 Global Campus-暑校共享计划。

"一带一路"建筑类大学国际联盟由我校的合作伙伴北京建筑大学成立,联盟充满活力,将多所大学连接在一起,组织各类研讨会、大会,开办各种竞赛和暑期学校。我校与北京建筑大学的长期合作关系可以追溯到 2016 年。两年前暴发的疫情并没能阻碍我们的合作,反而使得互联网广泛用于线上交流,成为了一次促进合作的机会。

在此,我们要对所有共同努力的领导、专家、老师和同学们表示最崇高的敬意和最诚挚的感谢,并对本次"一带一路"建筑类大学国际联盟 Global Campus-暑校共享计划的成功举办表示最热烈的祝贺。我们坚信这次活动卓有成效,不仅有益于我们的学生,对进一步加强联盟成员大学之间的关系也有帮助。

"一带一路"建筑类大学国际联盟成立 5 年来,合作基础日益夯实,领域逐渐拓展。面对百年未有之大变局和疫情的挑战,我们将坚持共商、共建、共享原则,在全球范围内聚集一大批建筑领域的参与主体,总结合作经验,凝聚合作共识,规划合作蓝图,探索建筑类大学合作交流的机制与模式,增进合作交流的广度和深度,共同开创联盟合作第 2 个美好"五年"新征程,朝着更为健康、更有活力、更加持续、更有作为的方向发展。

参考文献

[1] 张爱林."一带一路"建筑类大学合作与创新[M].北京:国家行政管理出版社,2020.
[2] 周作宇,马佳妮.人类命运共同体:高等教育国际合作的价值坐标[J].教育研究,2017,38(12):42-50 + 67.
[3] 联合国教科文组织国际教育发展委员会.学会生存:教育世界的今天和明天[M].北京:教育科学出版社,1996.
[4] 李敏,郝人缘,林成华.国际大学联盟:建立、运作与成效评价[J].世界教育信息,2022,35(2):26-34.
[5] 葛莉,祁慧,杨君男."一带一路"倡议下高等教育对外开放的新时代蕴涵[J].交通运输部管理干部学院学报,2021,31(4):10-12.
[6] 吴秀玲."一带一路"教育共同体建设:理念与策略[J].江苏经贸职业技术学院学报,2022(3):71-74.
[7] 王迪生.建筑业数字化转型升级的思考[J].数据,2021(12):26-28.
[8] 舒菁英,左根林."一带一路"倡议下建筑类专业来华留学生培育路径探究[J].安徽建筑,2021,28(3):98-99.
[9] 王义桅,刘雪君."一带一路"与北京国际交往中心建设[J].前线,2019(2):39-42.
[10] 骆毅.瑞士教育:将"请进来"与"走出去"有机统一[J].青春期健康,2021,19(5):14-15.

[11] 杜二霞,方有亮,郤禄文.新工科背景下地方综合型大学土木工程专业人才培养模式探索[J].教育教学论坛,2019(18):187-189.

[12] 朱露,胡德鑫,何桢,等.国际工程教育专业认证体系的发展与改革:基于《华盛顿协议》与欧洲工程教育专业认证体系的对比分析[J].高等工程教育研究,2022(4):38-51.

4 "一带一路"背景下的高校建筑类人才培养与合作实践

4.1 中外合作办学项目的运行经验及启示

2012年北京建筑大学获批与美国奥本大学给排水科学与工程专业中外合作办学"2+2"项目,至2022年项目中止,累计共派出7届共计76名学生,毕业当年58名学生均在全球QS排名前100的海外名校继续攻读硕(博)士研究生,继续深造率达76%。该中外合作办学项目以其成熟完善的国际化人才培养体系、细致科学的项目管理模式、全方位浸入环境为特色的教育培养理念、良好的毕业生深造及就业率,成为北京建筑大学的国际交流品牌项目,在北京地区乃至全国有着良好的美誉度,是具有典型性和示范性的本科层次中外合作办学工科类项目。

4.1.1 建筑类高校工科国际化创新型人才培养新路径

历经多年的实践与探索,在中美合作"2+2"项目办学模式下,逐步形成了"两机制—一体系—一改革"的高校建筑类国际化创新型人才培养的路径选择与实践探索,即以学生自我追求为导向的自我激励机制,以全方位浸入环境为特色的教育培养机制,构建国际多元的合作办学课程体系,实现双语师资良性循环,推动工科双语教学和传统英语教学模式改革。

"两机制"一是指以学生自我追求为导向的自我激励机制,利用中西方教育教学差异,实现从"应试过程—内在追求—外部激励—分数追求"的培养路径转变为"综合训练—自我追求—自我激励—社会需求"的成才路径,将对分数的追求转化为对综合能力及实践创新能力的追求;二是指以全方位浸入环境为特色的教育培养机制,营造专业训练及语言文化双向教育氛围,打造人才培养全过程硬软件环境。"一体系"指构建国际多元的合作办学课程体系,将美方实用型专业课程体系与国内基础课程体系融合,注重学生创新能力的培养。"一改革"指推动工科双语教学和传统英语教学模式改革,强化跨文化教育、国情教育,形成了思想政治过硬、教学特色鲜明、教学管理质量严格、学生综合能力强、引领推动国际交流的办学过程。

建筑类高校工科国际化创新型人才培养新路径解决了如下问题：一是面对长期以来"应试教育"造成的学生创新和实践能力不足问题，以"能力教育"为目标，按国际化人才培养需求来设定培养方案、优化课程体系。二是针对全球化语境下学生跨文化交际能力、双语能力不足的问题，探索提升学生文化移情与交流能力的机制。三是面向学生个性化需求，研究如何制订差异化发展教学策略，激发学习动力与潜能。

建筑类高校工科国际化创新型人才培养新路径包括：

一是重构课程体系、改革培养方案，完善了工科类国际化创新型人才培养模式。将美方土木工程实用型课程体系与国内给排水专业基础课程体系融合，核心课程全部采用全英文或双语授课，注重学生创新实践等能力培养；遵照有利于国内外教学内容和体系衔接、有利于本科课程对接和学分互认、有利于理论与实践教学的有机结合、有利于中西文化和教育背景融合的原则制订专门的培养方案；注重启发式教学，在原有知识考核基础上，加大讨论、调查报告等形式的能力考核。巧妙利用中西方教育教学差异，逐步实现"综合训练—自我追求—自我激励—社会需求"的新成才路径。

二是搭建全方位浸入环境，培养学生英语应用和跨文化交流能力。配备专职外教、开设多门语言文化课程、举办"英美文化周""英文阅读会"、开设跨文化通识核心课；通过北京建筑大学和美国奥本大学两校学生每年定期双向互访、成立国际交流协会、设置专用图书阅览室等方式，营造全方位全过程浸入式环境；英语课程以实战能力为导向，将留学基本条件（托福）和实际学业需求相结合，语言教学和不同校园文化培养相结合，提升听说读写能力和跨文化培养相结合；发挥通识核心课在学生英语应用和跨文化能力培养中的作用。全面提升了学生的英语应用和跨文化交流能力。

三是构建差异化教学和激励策略，开展国情教育和思政教育。尊重并重视每位学生的优缺点、兴趣特长等个性化差异，建立并及时更新每位学生的学业及个人发展档案。结合中外合作办学项目学生教育环境的差异有针对性地进行学业指导和职业生涯规划。美方高年级阶段的专业方向和选课为"大土木"方式，学生可选择结构、环境、交通、材料等7个方向进一步学习并确定未来申研方向；在激励策略上，对学生主动学习给予迅捷反馈，在赞许的同时提出更好的建议。在特定情况下，根据学生主动学习的进度和成果，设定有限度的奖励。抓住学生思维活动中的热点和焦点激发其求知欲，营造相对宽松自由的学习环境。

将部分思政课迁移至学生派出前的大二学年。充分利用小班教学的能动互动性，以思政课和课程思政为抓手，深入研究教学内容，寻找思政教育和跨文化教育结合点、切入点。会同学工部门开展"云上思政"，开展境外党组织生活及主题团日活动。设立派出学生海外党团支部。近年派出的学生中，均有中共预备党员。

四是构建开发并引用优质在线课程。克服美方大土木学科与国内给排水科学与工程专业在培养方案和课程体系上的差异,开展针对性课程建设。开发并引用《泵与泵站》等在线课程,确保学生修习完整的给排水专业课程,成为真正的复合型人才。

五是构建全英文通识核心课程体系,适时开展跨文化思政教育。针对学生价值观容易西化等问题,深入研究教学内容。开设《跨文化交际》《英语公共演讲》等全英文通识核心课;组织学生赴奥本大学语言文化交流等活动,增强了其对他国文化的包容意识及民族自尊心。学生跨文化交际策略的积累,使得他们在国际交往互动中逐渐获得主动权和话语权。

4.1.2 中外合作办学学生教育管理的实践经验

国际化背景下的建筑类人才培养归根结底要落实到学生的教育管理中。中外合作办学作为国际化人才培养的重要抓手,其学生教育管理模式具有较强的典型和示范性。

我们以中美合作办学给排水科学与工程"2+2"2015级、2016级的54人为调研对象,将境内学习学生和境外学习学生两类群体作为对照组,了解分析他们出国的主观意愿、学习习惯、英语能力、专业学习、家庭关系结构和经济能力、个性特征、学习和职业生涯规划等。

两类学生群体的绝大部分对出国学习有着较强的意愿,拥有良好的经济基础,在语言学习上具有积极性和主动性;对于专业课的小班双语教学,绝大部分学生认为效果较好,能为进入国外学习打下良好基础。超过90%的同学认为英语分层教学和强化教学针对性强;大部分同学希望学校在申请准备材料、英语强化训练学分互认、回国就业和毕业手续上能给予针对性的指导。在外留学期间,希望学校能够在心理疏导、学业指导上提供帮助;大部分学生经济能力较好,没有学工部门认定的贫困生。

从学生时间管理能力上看,已派出学生较未派出学生在处理专业课学习和英语学习的关系上显得更游刃有余;在对未来的学业和职业生涯规划上,更多比例的已派出的学生对未来规划更为清晰且都做好继续在海外攻读硕士或博士研究生的打算。

针对学生遇到的问题和调研报告,我们开展了有的放矢的教育管理工作。有如下实践经验:

一是树立多层次的教育管理目标,养成良好的学习、生活和沟通习惯。从2014年9月开始,国际教育学院开展了以"点滴课堂、言行规范,做高素质中外合作办学学生"为主题的教育活动,旨在针对每学期的学习和生活目标,树立多层次的教育管理目标。在大一学年从学习习惯、个人素养等方面入手,塑造良好的中外合作办学学生形象,在对外交流中注意细节;在大二学年侧重学习生活的时间管理和目标管理,学会将学生短期目标与长远目标相结合;在境外的大三和大四学年则强调个人诚信和学术规范教育,并承载校际交流和中美文化交流的重要任务。

二是加强中外文化的比较教育,占领文化"主阵地"。中外合作办学学生因其境内境外的"双校园培养模式",在价值观、思维方式和行为准则等方面时刻感受到不同文化的冲撞,这给中外合作办学学生的思想政治教育造成了一定难度。在这种特殊的环境中,教育管理者一方面让学生全面客观了解西方文化,了解西方社会运行机制、价值观、思维方式、生活方式,另一方面更要创造情景鼓励学生加强对祖国优秀传统文化和历史的学习,要求中外合作办学学生修读中国舞蹈赏析、篆刻艺术欣赏等介绍中国传统文化的课程,继承和弘扬民族文化,在不同文化的影响和比较中加强对祖国的情感,增强爱国主义和集体主义精神。国际教育学院每年举办的英美文化周系列活动便是加强中外文化比较教育的一次有益尝试。英美文化周旨在帮助中外合作办学学生更好地适应和融入美国本土文化和奥本大学校园生活而设计,为其后两年在奥本大学的学习、生活打下基础,收效显著。

三是建立良好的家校沟通机制。每学期期末阶段撰写"给家长的一封信",在学生派出前至少召开三次全体学生家长会,详细介绍学生的综合表现、项目进展情况以及学生派出前的注意事项。不仅如此,还通过不定期的电话和面谈让每一位"2+2"项目学生家长及时了解学生在校的学习和思想动态,保证学生的健康成长,便于双方在培养、教育学生过程中都能发挥最大功效。

四是构建网络育人平台。中外合作办学项目的鲜明特点是跨境办学。借助网络可以克服跨境教育带来的时空障碍,确保学生工作的延续性和连贯性。通过微信群、QQ 群等方式"在线"帮助学生解决日常学习、生活中的现实问题,确保思想政治教育工作和教育管理不断线。在特殊时段如刚派出的前 3 个月和传统节假日进行重点的交流和关注。

五是注重学生的个性化深度辅导。针对每个同学的学习能力、英语水平、兴趣特长、学业和生活表现、个性特点等精心设计谈话内容和目标,谈话围绕专业和基础课的学习要求、托福备考策略、申请材料的专项辅导等方面。根据每个时间段的管理培养要求,召开形式多样的主题班会,帮助学生树立自信,循序渐进地实现教育管理目标。

六是设计分层语言强化课程。根据开学初的分级考试成绩将两个自然班分为托福提高班、iBT 强化班和托福基础班三个班进行英语小班教学。其中托福提高班主要针对托福达标的同学,进一步提高英语综合能力以应对奥本全英文的教学和生活环境;iBT 强化班面向近期应考的同学,分单项进行听力、阅读、写作的专项强化训练;托福基础班则重在夯实英语基础和各单项能力,为托福报考打好基础。重视日常口语教学,营造优良的语言教学环境。从美国本土聘任拥有教育学硕士学位的英语外教老师，专门针对本项目同学进行口语训练（按照考试要求）和英语角活动（自由选题训练）。为丰富学生的课余阅读，设置学生活动室并配置上千套与英语语言训练、美国文化相关的中英文原版图书供同学们借阅；组织了英语单词竞赛和作文竞赛，将优秀作品张贴供同学们学习和观摩；举办英文读书会，通过阅读命题英文原著并进行分享与交流；举办中外合作办学学生同我校留学生一起参加的"Culture Bridge"新年联欢会；举办奥本大学夏季及冬季小学期英语集训班（夏冬令营），让学生接受美式托福强化培训的同时实地感受美国本土文化和教学模式，帮助学生更快适应未来在奥本大学的学习和生活。同时也对将在奥本大学进行的高年级学习有了更为深刻的认识，在开阔眼界和开拓思维的同时真正做到了语言文化的双向交流。

4.2 国际学生的招生与培养

4.2.1 政策背景

高等教育的国际化、复合型人才培养的国际化，已成为全球高等教育发展的必然趋势。近年来，随着中国综合国力的不断增强，国际地位不断提高，特别是在新时代"一带一路"倡议和人类命运共同体理论和实践取得巨大成效的大背景下，我国教育主管部门和高校更加高度重视来华留学教育等各项工作，使我国国际学生的数量呈现出不断增长态势。

长期以来，北京建筑大学紧密围绕国家"一带一路"倡议和北京市"四个中心"的定位，围绕学校创建"国内一流、国际知名"的有特色、高水平建筑大学的目标要求，把建立多层次国际化人才培养体系作为促进学校转型发展的重要内容。学校积极响应国家"教育对外开放"号召，主动加强与世界其他国家的交流对话，加快来华留学事业发展，深入实施"留学北建大工程"，逐步扩大国际学生来源国家/区域范围，花大气力提高国际学生培养质量。同时不断提升学校国际化水平，营造浓郁的国际化育人环境，探索出一条具有北京建筑大学特色的建筑类国际学生人才培养模式。

2020年7月学校成立新型机构国际化发展研究院（国际教育学院），将建立多层次国际化人才培养体系、探索特色鲜明的建筑类国际化人才培养模式作为其中的重要发展计划。同时，学校通过召开国际化办学工作会、国际化发展规划咨询会，对学校国际交流合作全面工作包括国际学生招生与培养工作进行了规划与部署，加快学科建设和国际化人才培养进程。

2017—2019年，共有来自俄罗斯、利比亚、伊朗、哈萨克斯坦、蒙古国、缅甸、越南、突尼斯、喀麦隆、赞比亚等30余个国家的200余名国际学生来校学习和交流，

"一带一路"共建国家学生占比超过80%，学历生比例由2017年58.7%提升至2020年(上半年)的100%，生源层次结构、生源国别均有质的提升。学校已形成从语言生至博士生全系列国际学生培养体系；招生专业也由原来的建筑学、土木工程、环境工程、工程管理等传统专业，发展到人工智能、工业机器人等新工科专业。

4.2.2 打造有北建大特色的"一带一路"人才培养基地

学校积极实施"留学北建大"工程。早在20世纪50年代，学校便首次招收越南籍国际学生3名。2003年学校获批来华留学学历生招生资格，并于2004年招收第一名蒙古籍本科学历生。近10年来，共接受来自50余个国家的近千名国际学生来校学习，其中学历生近500人。2008年，由土木学院戚承志教授指导的、学校培养的首位伊朗籍结构工程硕士研究生顺利毕业。

基础设施建设是"一带一路"建设的重点领域，为中国建筑土木行业带来前所未有的机遇，土建类专业国际学生的培育，既能满足土建类企业"走出去"的需求，助力优质产能走出国门，又能带动当地就业市场的可持续发展。

2017年9月，学校获批成为首批北京市"一带一路"国家人才培养基地。重点围绕"一带一路"共建国家建筑土木类国际高端人才培养和相关学科建设，推动"一带一路"共建国家青年学生来校学习，培养合格的建筑土木类国际化创新人才。2018年开始招收第一届"一带一路"建筑土木全英文硕士项目学生。

为建设好"一带一路"国家人才培养基地，学校大力加强课程建设、师资建设和人才培养力度。集中北京市高校高精尖学科建筑学、土木工程、测绘工程的优势力量，以学校高等教育综合改革为契机，拟定并实施《北京建筑大学国际硕士研究生培养方案》，以支持"一带一路"建筑土木国际工程师研究生的培养，细化国际建筑土木工程师全英文班实施方案。旨在培养一批具有建筑特色、具有坚实的建筑设计基础知识与技能、熟悉工程技术的"一带一路"建筑类工程教育国际化人才。

为加强国际学生招生宣传，学校采用多种方式优化生源国别、提高生源质量：通过"一带一路"国家教育代表团访问、各类线上线下国际教育展、使领馆推荐、联盟宣传推介等活动积极丰富和拓展学校国际生源国别；通过"一带一路"建筑类大学国际联盟校长论坛、"一带一路"国际大学生数字建筑设计竞赛、建筑摄影展、"中国—中东欧国家首都市长论坛"系列活动，扩大我校的国际影响力。

学校执行严格的国际学生录取标准与程序，录取率常年保持在30%左右。所有申请者均须经过初筛审核，后经过学院的专业面试，通过综合测评后方被录取。对于报考人数较多的热门及优势专业如建筑学、土木工程等，组织多场面试协调会，与相关学院认真研讨候选人情况，最大程度地做到"优中选优"。

学校在稳定招生规模的同时，努力拓展招生思路、优化生源结构，增加研究生以上层次招收比例。2018年学校首次开设的"一带一路"建筑土木全英文硕士项目,开设建筑学、土木工程、环境工程 3 个专业,2019 年增加人工智能和工业机器人专业。

随着学校在中国大学排名的不断上升,工程学、环境学、生态学等优势学科进入 ESI 全球排名前 1%,国际学生生源质量也稳步提高。一大批优秀的校友在国际建筑工程建设、中外合作交流等领域发挥了重要作用。

4.2.3 多措并举,不断提升国际学生人才培养质量

保证和提高高等教育的培养质量是我国《国家中长期教育改革和发展规划纲要(2010—2020 年)》中明确提出的三大培养目标之一,其中的来华留学教育质量提升也必是题中应有之义。

一是制定有建大特色的国际学生培养方案。针对国际学生基础知识薄弱的特点,对国际学生和中国学生采用不同的培养计划。以土木工程专业为例,除设置力学、房屋建筑学、土木工程材料、结构设计原理、施工技术等主干课程外,还增设中英文案例分析以提高国际学生的中英文读写能力。结合培养内容增加专业实践内容所占比例,以促进国际学生对专业知识的理解;同时,参照学校龙头专业的人才培养模式、教学标准和规范,在体现学校强势学科专业特点的同时,遵循来华留学的培养目标,拟定有建大特色的国际学生培养方案。以"分类培养、突出特色"为导向,充分体现不同级别、不同类别学位的特色及差异,强化学校优势学科对人才培养的引领和支撑作用。

二是规范国际学生学位授予流程和要求。把好国际学生"出口"质量关。对国际研究生论文开题、中期检查、博士生预答辩进行严格审核,突出学术诚信,深入推进"全查重—全盲审"的学位论文管理制度,对申请学位研究生的学术成果材料及答辩资格严格把关;强化导师培养质量主体责任,营造良好的学术环境。举办"漫谈学术论文写作与发表"系列线上学术讲座,为学生学位论文撰写打下基础。召开全英班国际学生毕业工作会,介绍不同学习阶段学生的完整毕业流程及要求,传达应届毕业生相关工作。

三是发挥各类奖学金的激励作用,营造优良的学习环境。2017—2021 年,学校获批北京市教委资助的 3 类奖学金,包括北京市外国留学生奖学金、"一带一路"外国留学生奖学金、"一带一路"国家人才培养基地项目。受奖学金资助的学生遵纪守法、品德优良、勤奋学习,积极参加各项活动,受到了学校以及团市委、市友协等领导和老师的高度评价。往届获资助学生中约有 33% 的学生选择继续深造,其余学生均在相关领域就业。目前,已有多名毕业国际学生自主创业,在建筑土木行业、国际贸易等领域大展宏图。与此同时,新的《国际学生奖学金管理和实施办法》增加了特殊贡献奖学金,对于积极参加学校各类活动的积极分子也能给予奖励。

四是采用多种方式,扎实推进国际学生学风建设。每学期摸排国际学生修读学分情况,对于未能拿到应得学分的同学及时发放学业警告书,督促学生努力学习;提前梳理当年应届毕业国际学生名单,对存在未能按时毕业风险的学生,重点同其所在学院进行预警沟通;不定期抽查国际学生上课情况,关注国际学生课堂听课纪律、考勤情况,对于迟到、无故缺勤的学生及时进行批评教育;积极宣传奖学金政策要求和优秀国际学生事迹,发挥榜样力量,激励国际学生勤学上进;建立与任课教师双向沟通机制,通过开学第一周的教学检查和日常教学周的抽查对任课老师课堂进行督导听课和线上考试监控,确保教师教学质量。

五是加强面向国际学生的课程资源建设。在建筑学、土木工程、环境工程、测绘工程等通过中国工程教育专业认证和住建部评估的专业,开发符合华盛顿体系下国际工程教育要求的全英文课程,确保国际学生的专业课学习能够与国际接轨。通过调节教学工作量激励任课教师开设及讲授全英文课程和双语课程。经过5年的建设,基本形成一批极具建筑类特色、学术性与职业性兼顾、颇受"一带一路"共建国家国际学生欢迎的精品全英文课程,如《中国建筑概论》《跨文化交际》《中国社会实践》《中国概论》《中国现代社会发展及哲学思想》《建筑设计与研究》《城市设计原理》《结构动力学》《高等混凝土结构》《现代钢结构》《人工智能》《机器人设计与控制》等,覆盖学校建筑学、土木工程、环境工程、测绘工程等优势特色学科。

六是逐步实现中外学生趋同化管理。教育部制定的《来华留学生高等教育质量规范(试行)》明确提出要积极推进中外学生教学、管理和服务的趋同化,要求各高校要把国际学生教育纳入各个学校的培养体系和教育质量保障体系中,要实现各高校统一标准的教育教学管理与考试考核相关制度,要保证提供平等一致的教学资源与各项管理服务,各高校要保障中外学生的各种文化交流与合法权益。

4.2.4 营造浓郁的国际化氛围,积极推动中外友好交流与合作

为进一步构建多层次国际化人才培养体系,推进国际学生与国内学生共同学习,营造多元交流的国际化学习生活氛围。学校开设《中国概论》必修课程,组织国际学生积极参与各类国情教育课程及实践。包括"中国文化之旅"主题实践活动;前往服贸会、雁栖湖、奥林匹克森林公园、京剧博物馆等具有典型中国文化标签的场所开展文化实践;组织国际学生开展中国京剧文化、太极扇、咏春拳、包粽子等实践体验。让国际学生详细了解中国优秀文化和浓郁的民族特色,培养国际学生对中国文化的认同感、自豪感。

针对因不可抗原因无法来华的国际学生,学校为其开设线上课程,通过微信群、公众号等方式分享中国传统文化知识、发布各类文体竞赛信息;邀请境外国际学生制作拜年视频等方式加强境外国际学生国情教育和归属感;举办"漫谈学术论文写作与发表"系列线上学术讲座,帮助国际学生提升期刊选择、发表国际文献和

撰写学位论文等能力。国际学生在专业学习、科学研究、各类竞赛等方面取得一定成绩,利比亚籍学生易卜拉辛在建筑行业权威期刊发表论文;国际学生方阵在校运动会中获"风采展示奖";两名国际学生进入2017年第七届北京外国留学生"汉语之星大赛"前六十强;多名学生获得北京外国留学生征文大赛优秀奖、短视频大赛优秀奖。

学校主动承接和参与国家和地区的各级各类来华留学活动。国际学生热心推动中外友好交流与合作,产生积极正面的社会影响。学校国际学生积极参加团市委国际联络部、北京市人民对外友好协会、团中央国际青年交流中心、北京市政府新闻办公室等主办的世界青年发展论坛、"社会治理·青春先行"中外青年云对话活动、"共迎未来"国际青年交流营、"我与北京 Beijing You and Me"征文比赛及"寻味中华美食"云对话等,并受邀参加冬奥会、冬残奥会开闭幕式,接受团市委、光明网、今日中国等媒体采访,传递出热爱中国、祝福中国的良好精神风貌,产生了积极正面的社会效益。学校也对表现突出的国际学生做重点报道宣传,扩大来华留学积极示范效应。

学校国际学生积极参加我国对外工程建设,到相关企业中实习、参观,亲身参与相关项目。卢旺达籍国际学生罗成于2021年7—8月参与团中央国际青年交流中心组织的"在华留学生企业实习"项目,在中铁建工集团实习的40多天的工作中,切身实地参与国际化项目运营和管理,同时也承担为公司新员工培训商务英语,传授国际沟通技巧等工作。在与同事相互学习和交流中建立互信、共同进步。他表现优异,深受企业好评。

4.3 中外联合培养的实践与探索

学校积极推进国际化人才培养,近年来学校与44个国家和地区的104所院校和机构建立了合作关系,基本形成"中外合作办学项目+国基委优本项目+外培计划+中外联合培养项目+留学北建大工程+国际暑期学校+筑梦远航计划+国际联合设计工作营"交叉运行的全方位国际化人才培养体系。

4.3.1 建立多层次国际化人才培养支撑体系

学校联合国外高水平大学开展学生长短期交流项目,与英国伦敦艺术大学、斯旺西大学、雷丁大学、赫尔大学、美国科罗拉多大学博尔德分校、奥本大学、新建筑与设计学院,加拿大瑞尔森大学,意大利米兰理工大学,俄罗斯莫斯科国立建筑大学等海外知名高校开展学分互认、联合培养。与美国加州大学伯克利分校、英国剑桥大学等多所国际顶尖名校开展"筑梦·远航"世界一流大学寒暑假学术交流项目。

中美合作办学"2+2"中外合作项目的实施,催生了学校与奥本大学在风景园林、环境设计、工程管理及造价、生态工程等专业的本硕联合培养项目和"外培计划"项目。近5年通过以上项目派出的我校学生近50人;依托未来城市设计高精尖创新中心开设美国密歇根大学、英国剑桥大学等24个国际联合设计工作营,近三年累计共派出300余人。各专业也积极探索国际化人才培养新途径,如建筑学专业开展中外联合教学、选派学生到国际工程企业海外工程项目实习、实践等。

为进一步让同学们体验国内外名师风采,提升英语语言能力和专业素养,拓宽国际视野,提高创造性思维和独立研究能力。学校打造了"筑梦·远航"计划——世界一流大学寒暑期学术交流项目,这让心怀世界名校梦的学子有了实现理想的可能。自2017年实施该项目以来,先后向美国加州大学洛杉矶分校、哈佛大学、罗格斯大学、英国剑桥大学、意大利乌迪内大学、波兰比亚威斯托克理工大学、韩国成均馆大学、中国香港大学、中国澳门大学在内的6个国家和地区的16所院校,线下派出超百名学生;受疫情影响,近两年的"筑梦·远航"项目大部分转为线上项目。累计约150名学生参与了15所包括美国哈佛大学、加州理工学院、加州大学伯克利分校、圣路易斯华盛顿大学、麻省理工学院、英国剑桥大学、帝国理工学院、亚伯大学,澳大利亚悉尼大学,新加坡国立大学,南洋理工大学,中国香港大学等高校的20余个项目。

在探索国际化人才培养新路径的过程中,在学生国际交流项目的拓展运行和中外合作办学项目的实施过程中,涌现出许多的优秀学生,他们以自己卓越的学业表现、优异的跨文化交流能力为自己代言,为北京建筑大学代言,是闪耀在海外的建大星光。

▲ 4.3.2　实施"外培计划",助力北京国际交往中心建设

为贯彻《国家中长期教育改革和发展规划纲要(2010—2020年)》战略部署,积极深化北京高等教育综合改革,通过推动北京市属高校学生到国外知名院校交流访问学习,培养北京急需的国际化高水平人才,北京市教委出台了北京高等学校高水平人才交叉培养"外培计划"等北京高校学生访学项目。

学校在执行"外培计划"项目的过程中严格遵照教委的相关文件精神指示,从2016年开始通过高考招生计划定向投放和校内遴选两种方式,向英国伦敦艺术大学等8所高校累计派出100余名学生。

"外培计划"作为北京高等学校高水平人才交叉培养的重要组成部分,在它实施初就迎来了旺盛的生命力。随着"外培计划"相关政策和管理办法的逐步完善,派出学生的数量、国别、比例和成才率稳步提升,"外培计划"学生的培养管理和教育日趋成熟。在可以预见的时间内,大量的获得"外培计划"资助的学生将凭借他们从国外学习的学术、实践和创新能力成为首都建设和发展的生力军。

4.3.3 打造暑期国际学校品牌

暑期国际学校，是学校实施开放办学战略、推进国际交流合作步伐的重要举措，旨在发挥建筑土木类学科特色与优势，为来自不同文化背景的学生提供一个共同学习新知识、交流新思想的平台，提升北京建筑大学国际影响力，促进中外文化交流与合作。

自 2016 年至 2022 年，已成功举办 6 届暑期国际学校。

暑期国际学校邀请到海外一流大学的外籍教师和知名学者、国际著名建筑设计师、中国工程院院士、高层次人才为授课师资。在课程设置上，重点突出建筑类高校专业特色，兼具首都文化和语言交流，内容涵盖建筑学、测绘学、土木工程学、文化学、传播学等领域。常规课程之余，还安排了丰富的文化实践活动，学生能够亲身了解和体验中国传统建筑与现代建筑。

由学校倡导成立的"一带一路"建筑类大学国际联盟成员、国际摄影测量与遥感学会学生联盟（ISPRS SC）成员、中国建设领域土建类专业卓越工程师教育校企联盟成员积极参与其中，吸引了来自 100 余所国内外高校的 1200 余名中外师生欢聚一堂、共同学习。

暑期学校展现了北京建筑大学及"一带一路"建筑类大学国际联盟日益增强的国际号召力与凝聚力，成为"一带一路"共建国家教育交流合作的重要平台。

4.3.4 依托"一带一路"建筑类大学联盟，探索国际化人才培养新路径

学校在人才培养中历来非常重视解决建筑领域的实际问题、鼓励学生参与工程实践。自 2017 年起，北京建筑大学与国际知名高校共同组织国际城市设计联合工作营，来自中国、英国、美国、日本、意大利、新加坡等国家的知名高校教授、师生一起，聚焦世界和北京城市建设发展的实际问题，围绕城市更新设计、交通规划管理、地下综合管廊等主题，采用"真题真做"的形式，开展了 13 个设计创新研讨的国际城市设计联合工作营。

学校积极拓展校企合作，结合行业知名企业的资源，为学生创造海外实习、就业的机会，并逐步形成了学生海外工程实习的长效机制。"海外实习经历让我有机会接触到国外同行的工程标准、施工技法，为毕业后继续从海外项目工作中积累了宝贵经验。"郁海杰是国际工程方向研究生，在校期间他参加了 6 个月的马来西亚工程项目实习，并结合实践经历完成了硕士学位论文。

在教育教学模式上，"一带一路"建筑类大学国际联盟也着力打造合作办学的长效机制。2021 年，启动实施 Global-campus 暑校共享计划，之后将通过开展多种形式的合作办学、联盟成员间的学分互认、学历互认、学位互授，推进联盟成员间优

势教育资源共享。

在未来的国际化人才培养之路上,学校还将进一步整合校内国际交流合作资源,为学生打造国际化的实践平台。联盟将继续推进与相关企业、科研单位的交流合作,探索基于产学研联合的方式共建建筑类教学国际实习实训基地,进行人才链与产业链的有机衔接和融合。

参考文献

[1] 孟宜婷.高校来华留学生管理与培养质量提升的若干思考[J].通化师范学院学报,2020,41(11):140-144.

[2] 刘军."一带一路"背景下如何提升来华留学生招生质量:奖学金视角[J].高等教育管理,2020,14(1):29-39.

[3] 舒菁英,左根林."一带一路"倡议下建筑类专业来华留学生培育路径探究[J].安徽建筑,2021,28(3):98-99.

[4] 王星星,王维,张雪.土木工程专业来华留学生培养质量提升途径探讨[J].价值工程,2018,37(27):286-287.

5 "一带一路"背景下教育合作的发展思考与建议

5.1 "一带一路"背景下的高等教育发展

共建"一带一路"倡议自提出以来,教育领域的回应尤为积极。2016年教育部牵头制订了《推进共建"一带一路"教育行动》(以下简称《行动》),《行动》指出,教育"在共建'一带一路'中具有基础性和先导性作用";2016年至2019年,教育部陆续与18个省市签署了《推进共建"一带一路"教育行动国际合作备忘录》。时任教育部部长陈宝生指出,"一带一路"是中国教育国际交流合作的顶层设计,是中国教育走向世界舞台中央的路线图,是在更高层次、更大范围、更广领域推进教育国际合作交流的重要抓手。

至今为止,"一带一路"教育合作从文化理解、人才培养、学术交流等多个角度为共建国家提供了智力支持,取得了可喜的进展和成果。但我们也必须要看到,继续深入推进"一带一路"教育合作还面临国内外多方面的问题与挑战。

5.1.1 "一带一路"教育合作面临的问题与挑战

1. 国际政治环境复杂多变,合作风险增大

"一带一路"横跨欧洲和亚洲,涉及的国家、种族、宗教、文化和政体多种多样。加之当前国际政治环境正面临深刻而复杂的变化,增加了各方面的不确定性,教育合作面临潜在风险。

2. "一带一路"共建国家经济和教育发展不均衡,导致国际交流失衡

经济发展水平影响教育发展水平,也间接影响国际教育合作的开展。"一带一路"共建国家情况十分复杂,除了新加坡、以色列、斯洛文尼亚、捷克、斯洛伐克、塞浦路斯6个国家属于发达国家,其他国家均属于发展中国家。经济发展的不均衡严重影响国家综合创新能力和高等教育发展水平,这就使得互利共赢的合作效果大打折扣。例如作为高等教育国际交往重要形式的留学生,多年以来主要是我国学生到发达国家留学为主,到我国留学的则主要是发展中国家学生,而且人数远不

能和我国出国留学的人数相比。这种高等教育国际交流失衡状况,同当前"一带一路"倡议下高等教育必须同时实施"走出去"和"引进来"的发展方向相悖,不利于其充分发挥"一带一路"倡议下高等教育作为我国与区域内国家和地区的文化交流和人才培养平台的作用。

3. 教育资源供给不充分,消减教育合作吸引力

"一带一路"倡议合作重点是要实现"五通",这些合作内容的顺利展开需要各个层次相关产业人才的有力支撑。国家和院校在初设相关专业和学科时,欠缺整体规划,市场适应性和时效性差,急需的职业教育投入不足。例如,"丝绸之路"中国政府奖学金并未惠及专科层次的高职教育,共建国家留学生报考热情较低。虽然我国职业教育已经积累了一些办学经验,形成了一批优势明显的职业院校,但也必须看到职业教育资源供给不尽如人意,在师资力量、专业建设、培养模式、培养质量、国际化水平等方面仍存在巨大的改进空间。此外,人才同质化和职业技术人才不足导致"就业难和用工荒"并存的窘迫局面。

5.1.2 "一带一路"高等教育发展路径方向——构建教育共同体

教育作为人文交流的重要载体和人才培养的核心,是"一带一路"倡议的重要组成部分。建立教育共同体是实施"一带一路"倡议的迫切要求,也是新的全球化时代区域合作和国际合作的必然要求。教育共同体不同于以往的教育双边或多边合作,它强调共建国家作为整体共同参与,以共同利益和共同责任为核心,促进区域和国际社会教育领域的共荣共通、合作共赢。

1. "教育共同体"的内涵及特征

教育共同体是以培养人才为核心任务,以满足共建国家经济、文化和社会发展,实现共同利益为最终目的,通过教育项目、教育模式、治理机制创新,推动中国和共建国家在教育领域的共荣共通、合作共赢。因此,"一带一路"教育共同体是超越了地域、文化、语言界限,以共同利益、共同责任为核心,建立在尊重和平等基础上的多元文化群体。

教育共同体具有以下特征:第一,关联性和互通性。教育共同体是"一带一路"共建国家基于共同的目标和责任建立起来的多个国家教育的联合体,共同体的各个成员之间彼此相互关联。在推动教育交流与合作过程中,各国要对各种教育资源进行优化组合,彼此之间要相互适应、相互融合,通过模式和机制创新,促使全体成员共同参与决策,最大限度地发挥整体优势,实现共同利益。第二,开放性和包容性。"一带一路"倡议构建了一个全方位的开放体系,推行"全方位、多层次、宽领域"的新一轮对外开放。教育共同体也是一个全方位开放的系统。在开放主体上,充分调动共建国家和地区的积极性,特别是欠开放、欠发达地区的积极性,对其他非共建国家的参与也持开放态度,倡导各国政府、企业、民间组织、学校之间的

多种交往与合作;在开放对象上,教育共同体既努力推进"对内开放",在地方层次开发多种教育合作项目,推动不同地区之间的互联互通,又积极扩大"对外开放",向沿线其他国家实施开放政策,根据共建国家需要,培养和输送多种人才;在开放心态上,以平等和尊重为原则,倡导包容性对外开放,不将一国的教育理念和教育模式强加于人,通过坦诚沟通达成合作,谋求教育共同发展。第三,差异性和多样性。"一带一路"教育共同体超越了地域界线,跨越中亚、东南亚、西亚及欧洲部分地区,各国和地区在经济发展水平、发展历史、民族种族、宗教信仰、文化传统等方面存在很大差异,各国在教育发展水平、教育制度、学校体系、课程设置、教学模式等方面存在多样性。教育共同体是在尊重各国差异和特色的基础上进行资源共享、优势互补,从而促进教育共同发展,为实现共建国家互联互通提供支撑。

2. 构建"一带一路"教育共同体的紧迫性

(1)"一带一路"建设急需强大的人才支撑

人才培养是教育的核心任务。无论是解决"一带一路"倡议构思的理论问题,还是推进实施的实践问题,关键都在人才。随着新经济、新技术、新产业的发展,沿线各国急需大量新型人才来支撑"一带一路"建设,实现政策互通、设施联通、贸易畅通、资金融通。教育共同体能够培养大量多语种人才,促进共建国家语言互通,为各国政策互通、贸易互通奠定基础;教育共同体可以根据共建国家经济和社会发展需要,发展优势学科,开展多层次职业教育和培训,培养当地急需的"一带一路"建设者;教育共同体既有利于推动教师交流,提升共建国家的教育质量,又有利于共享教师资源,促进共建国家的教育公平。语言人才、技术人才、师资队伍三位一体,为推动各国互联互通提供支持。

(2)促进民心相通需要教育共同体发挥基础性、桥梁性作用

教育在促进民心相通中发挥着基础性作用。教育共同体是促进各国文化理解与交流的有利途径,具有凝聚人心的作用。通过教育共同体建设,各国在教育领域求同存异,深入合作,实现教育模式、教育项目、课程体系、教学方法等方面的创新,有利于青少年对不同国家文化的理解,培养其国际视野和跨文化合作能力。只有实现了跨文化理解和合作,才能真正实现沿线各国在文化上和价值观上的理解和认同,促进各国民心相通。因此,为了促进各国之间的语言学习、文化交流和文明对话,加强不同国家之间文化理解和认同,增强各国之间的相互信任,教育共同体在"一带一路"建设中不可或缺。

(3)建立教育共同体有助于推进中国及沿线国家的教育繁荣

"一带一路"倡议不仅着眼于中国的创新与发展,更将共建国家和世界的共同发展和繁荣作为最终目标和共同责任,遵循共商、共建、共享原则,开创了21世纪地区合作新模式。教育部印发的《推进共建"一带一路"教育行动》明确指出:"推进'一带一路'教育共同繁荣,既是加强与沿线各国教育互利合作的需要,也是推

进中国教育改革发展的需要。"构建教育共同体,中国和共建国家可以实现教育互联互通,开展人才培养和培训合作,共建交流合作机制,培养高素质人才,共同推动各国经济社会的发展;有助于加强各国的教育政策和信息交流,签署双边和多边合作协议,制定共同遵守的国际公约,消除政策壁垒,破除交流合作瓶颈,加强政府间合作,达成合作共识,为共建国家教育协同发展提供政策保障;还可以实现共建国家和地区教育和文化资源共享,通过整合资源或合作开发教学资源或项目,减少发展成本,提高资源使用效率。

2015年,联合国教科文组织发布《教育2030行动纲领》,针对《仁川宣言》提出的"确保全纳平等优质的教育,促进全民终身学习"设定了清晰的目标。建立教育共同体,既是为了在共建国家形成平等、包容、互惠、活跃的教育合作态势,促进区域教育发展,全面支撑共建"一带一路",也是为了实现《仁川宣言》的目标,建设更加全纳、公平、可持续发展的社会。

在以往的教育合作与交流中,"一带一路"共建国家的交流与合作在深度与广度上都还存在很大提升空间,而且原有的教育交流与合作方式在推动"一带一路"建设中尚存在合作理念、目标、政策、模式、机制等方面的不一致和不协调,因此迫切需要建立一个基于共同责任和共同利益的教育共同体,来为"一带一路"建设提供强大的人才支撑,并促进民心相通和区域教育共同发展。

3. 构建教育共同体策略

(1)制定教育合作新框架

"一带一路"教育共同体的构建需要破除传统壁垒,坚持"共建、共商、共享"的原则,以全球化、区域一体化为背景,制定区域教育合作新框架。具体包括:第一,制定包容性合作政策。"一带一路"共建国家处于不同的经济发展水平,具有不同的历史背景、政治制度和文化传统,在制定教育交流和合作政策时,要结合各国的经济发展水平差异,充分尊重各国的历史和文化传统,因地制宜、因时制宜,在平等协商和相互尊重的基础上制定包容性的合作政策。这些政策既要考虑到各国的国情和教育发展的实际水平,又要指向"一带一路"共建国家共同的发展目标;既体现差异,又具有包容性。第二,完善相关法律和制度。由于历史、制度和文化上的差异,"一带一路"共建国家原有的教育合作法律和制度难以支撑新的教育共同体的运行,需要制定新的法律法规或制度来保障教育共同体的顺利实施。中国应在平等协商、互利共赢的基础上同共建国家签署政府间教育合作协议,建立各国教育部部长联席会议制度,构建多层次组织协调体系,完善相关工作机制,使教育共同体建设更加规范化、制度化。第三,在高等教育层次建立学分转换系统和学位互授机制。根据共建国家高等教育学制、学位和学分制实施现状,首先推动"一带一路"共建国家高校进行完全学分制改革,建立弹性学制,在此基础上建立可以互相转换和互认的学分系统,研制出科学客观且操作性强的学分转换公式,使师生更容易在共建国家流动和就业。其次,各国教育领导人、大学校长要针对学位互授机制积极进行磋商和对话,在"一带一路"共建国家建立平等开放的学位互授机制,引导更多高校参与合作办学,吸引更多学生到其他国家攻读学位课程。第四,建立区域性的资格框架制度。资格框架制度是沟通学历教育、学位教育和资格证书制度之间的桥梁。通过建立统一可比的标准,各国遵循同一标准开发课程模块和培训教师,同时也为师生在共建各国和地区的流动奠定基础。由于共建国家教育制度之间存在较大差距,而且涉及各级各类教育之间的衔接与沟通,因此,建立区域性的资格框架制度是一项复杂的系统工程。建议共建国家主动谋划和积极参与,在协商的基础上形成区域性的资格框架的总体设想,以此为基础改革和完善现有的国家学历和学位体系,使之与区域性的资格框架保持一致。第五,加强教育质量监测和质量保障领域的合作。一是制定统一的、可比较的质量监测标准,促进"一带一路"共建国家教育质量标准的统一。在顶层设计上,制定"一带一路"共建国家教育质量标准框架,各国在此基础上建立本国的评估标准;在具体操作层面,分层次展开,针对基础教育和高等教育分别制定统一的外部和内部质量监控标准。二是建立教育共同体质量保障准则,包括各类学位、证书和文凭的颁发和互认等。三是建立质量保障网络。为了更加有效地合作,建议各国教育部部长共同协商,设立"一带一路"教育共同体质量保障网络。

(2) 搭建区域教育合作新平台

教育共同体建设需要打通沿线各国的教育界限,共享教育资源,其中,合作平台的建设至关重要。以往的教育合作大多限于国家与国家之间的双边合作,只需要双方之间在合作领域达成一致意见。"一带一路"教育共同体的合作是以"一带一路"整个区域和国际社会为背景的多边合作,需要搭建新的合作平台,促进区域教育深度融合。

① 打造"一带一路"教育战略联盟。"一带一路"教育战略联盟包括多个不同层次、不同类型的联盟,如教育部部长联盟为共建国家教育部部长之间的沟通和对话搭建桥梁;职业教育产教协同联盟促进职业教育与产业协同发展,在技术技能型人才培养和人文交流中发挥桥梁作用。2015年10月,中国、俄罗斯、韩国等国家的47所高校达成了《敦煌共识》,成立了"一带一路"高校战略联盟,并制定了联盟章程;"一带一路"高校战略联盟为共建国家和地区的高校搭建学术资源共享平台,合作开展科研,探索师生区域内流动机制,共同培养共建"一带一路"所需要的国际化人才。

② 设立"一带一路"教育发展基金。金融在"一带一路"倡议实施中发挥着巨大作用,教育领域的对外开放与合作也需要强大的资金支持。因此,设立"一带一路"教育发展基金成为推进教育共同体建设的必要条件。目前,已经有一些高校设立了"一带一路"专项基金。2016年12月,中国华夏文化遗产基金会"一带一路"

专项基金与厦门大学海外教育学院/国际学院签署合作备忘录,携手推进"一带一路"文化教育先行。2017年12月,西安交通大学设立了"一带一路"留学生发展基金。但总体而言,"一带一路"教育基金尚未规范化和体系化。中国作为"一带一路"倡议的发起者,应为推进教育共同体建设提供系统化的资金支持。一是设立针对"一带一路"共建国家的政府奖学金,吸引更多留学生到中国学习,使更多的人有机会了解中国文化,加强对中国的理解和信任。二是设立"一带一路"教育援助基金,专门对共建国家的教育发展、师资培训、课程建设等提供经济资助,以促进共建国家和地区教育共同发展。三是设立"一带一路"教育研究专项资金,国家级和省级科研基金委员会在制定规划时,预留专项资金,用以支持"一带一路"教育研究;或者设立专项计划,鼓励更多人对"一带一路"共建国家的教育问题开展专题研究,以便加深对"一带一路"共建国家教育现状、问题的了解,为未来教育合作寻找更广阔的空间。此外,相关高校也可以设立专项资金支持"一带一路"共建国家的教育研究。

③ 建设"一带一路"教育大数据平台。"大数据是数字化生存时代的新型战略资源,是驱动创新的重要因素,正在改变人类的生产和生活方式。"大数据技术可以对海量数据进行精准分析和有效整合,找出数据之间的相关性,预测未来教育发展趋势,对各国教育政策的制定具有重要参考价值。处于数字化时代的"一带一路"教育共同体建设,要广泛收集沿线各国各级各类的教育基本数据、相关法律法规和政策制度,对各国未来教育发展作出预测,使教育合作更具针对性和前瞻性。总之,在教育共同体建设中,中国要充分利用好大数据和人工智能的优势,主动建设大数据平台,向沿线各国开放教育信息,同时也充分利用各国的教育资源,在教育资源和信息方面互通有无,互学互鉴,驱动各国教育共同创新。

(3) 推进高等教育国际化,做好人才储备建设

对于我国高等教育来说,需要在这种全球经济一体化产生的教育国际融合的背景下,充分发挥自己固有的优秀传统和办学优势,充分利用国外的优质办学资源,并积极开拓区域内的国际教育市场,为"一带一路"倡议的实施提供良好的文化交流、人才培养的高等教育平台。

在改革开放以来的几十年中,我国对外交往多以向发达国家学习以及引进先进的技术和管理经验为主,教育领域在国际交流过程中存在失衡问题。具体表现在国际合作办学过程中,主要是发达国家高校"走进来"与我国高校合作,我国高校"走出去"与外国高校合作还较少。另一方面,作为高等教育国际交往重要形式的留学生,多年以来主要是我国大学生到国外教育资源较我国具有优势的发达国家留学为主,到我国留学的则主要是发展中国家学生,而且人数远不能和我国出国留学的人数相比,造成国内高学历人才流失。我们必须同时实施"走出去"和"引进来"策略,才能发挥高等教育的文化交流和人才培养作用。

首先要贯彻国际化人才理念,对人才培养方案、师资、教学方式、课程编排等方面进行国际化改革。例如,北京外国语大学、北京大学等高校推出了复合型专业以及外语授课的专业课,突出外语的工具性和跨文化交际能力的重要性,专业技能和国际视野并重。

其次针对部分学科国际竞争力不强、国际宣传力度不足等问题,一方面加强传统来华留学优势学科,如汉语和中医专业,另外根据共建国家国情和具体诉求,制定符合共建国家和地区需求的人才培养方案和课程,重点扶持工程基建、旅游贸易等急需专业,并给予政策和经济上的优惠,吸引更多生源的同时,合理调控和干预专业学科的选择;另一方面要提升国际合作办学、境外办学质量,吸收和培训当地教师,对先进的国际课程进行本土化处理,适时扩大高等职业教育等合作办学项目规模。

最后是针对高校毕业生就业难和用人单位用工荒的困局,需要从招收和培养学生开始,以需求为导向,改革供给侧。高校正在积极推进课程改革和教学改革,但是面对快速变化的国际社会和市场、信息不对称等不利条件,改革相对滞后。这就需要洞悉国际社会和市场需求的跨国企业和国际组织,参与到人才培养方案、教学大纲、教材等的编纂和修订,参与到教学和实践第一线。这个过程需要跨国企业和国际组织全程参与,及时更新信息和内容,与时俱进。此外,跨国企业和国际组织为高校师生提供观摩学习、实践锻炼的机会,学以致用,帮助老师及时调整教学进度和内容,帮助学生更好地适应未来的职场。

高等教育作为国家主要的承担科研任务的部门,在"一带一路"倡议下承担着重要的科技支撑作用。然而,当前高等教育的科研模式同"一带一路"倡议下的市场需求脱节,在很大程度上难以满足"一带一路"倡议下对相关科技的需求。在科研发展和人才培养方面,高等教育要实现对"一带一路"倡议应有的科技和人才支撑作用,还必须充分关注市场动向,通过推广产学研一体化的校企合作的办学模式,提高科研成果的市场化效率,为相关企业提供培养实用性专业技术人才。此外,教育共同体可以通过"一带一路"教育委员会、教育执行委员会、教育研究中心等智库组织,监测"一带一路"共建国家的教育发展状况,对照各国国情和国际教育发展趋势分析各国在教育发展中存在的问题及相应的对策。智库组织应开展"一带一路"共建国家教育的国别研究、宏观政策研究和实践案例研究,分析各国产业发展趋势和人才需求情况,监督各国执行相对统一、先进的教育发展标准,做好教育质量保障和等值互换工作。

5.2 分区域阐述发展建议

高等教育是人才蓄水池、创新策源地,是支撑和推动区域经济社会发展的全要素"供给侧"。高等教育总是在服务国家重大战略、区域经济社会发展的过程中，提供源源不断的人才、智力和科技支撑。对于区域经济社会而言，只有耕好高等教育的人才"田"，才能结出经济高质量发展的"果"。

5.2.1 与中东欧的教育合作

中东欧 17 国地处欧洲东部与中部，包括 10 个东南欧国家（希腊、罗马尼亚、保加利亚、阿尔巴尼亚、斯洛文尼亚、克罗地亚、塞尔维亚、波黑、北马其顿、黑山），4 个中欧国家（波兰、匈牙利、捷克、斯洛伐克），以及 3 个波罗的海国家（立陶宛、拉脱维亚、爱沙尼亚）。

中东欧地区地处欧亚大陆要冲，是连接欧亚经济圈的关键区域，是联系东西方的重要枢纽，在"一带一路"建设中具有突出的战略价值和商业价值，是推动中国发展与欧洲国家整体关系的积极力量。2012 年 4 月，中东欧—中国合作机制正式启动。2013 年中国提出"一带一路"倡议后，中东欧国家积极参与共建"一带一路"，推进"一带一路"倡议与各国发展战略对接。双方通过举行中东欧—中国领导人会晤为彼此合作加强顶层设计，达成一系列合作协议，设立实施计划，不断将合作落到实处。10 年来，中东欧和中国成功建立涵盖经贸、文化、教育等多领域的合作架构，打造了跨区域多边合作的典范。教育作为"一带一路"倡议中的重要议题，已经成为中国与中东欧 17 国关系拼图中至关重要的组成部分之一。

作为现代大学制度的重要发源地之一，中东欧各国有着悠久的教育传统，始终重视教育对于文明进步和社会发展的基础性作用，同样有着许多优质的教育资源，特别是高等教育资源。捷克查理大学、波兰雅盖隆大学、匈牙利罗兰大学、希腊雅典大学等一大批世界名校，不仅为各自国家的发展，同时也为欧洲文明的进步作出了突出的贡献。近年来，随着中东欧国家经济社会发展，不断融入欧洲一体化进程，特别是许多国家加入欧盟，进一步促进了高等教育发展。许多中东欧国家越来越重视教育发展，加大投入，不断激发高等教育革新，提高高等教育质量。

1. 合作现状

(1) 设立政府磋商机制，定期对话成为常态

2013 年 6 月，首届中国—中东欧国家教育政策对话会在中国重庆举行，与会方达成了《重庆共识》，包括"16 + 1"合作成员国之间彼此共享教育领域的最新进展，促进学历学位互认，加强校际合作与交流，推动大学之间的合作伙伴关系建设，加强共同研究。除教育政策对话外，教育领域的另一个重要成果是"中国—中东欧国家高校联合会"（以下简称联合会），是《中国—中东欧国家合作布加勒斯特纲要》提出的一项教育合作举措。联合会于 2014 年正式启动，来自中东欧国家的 12 所高校和中方的 16 所高校签署了《中国—中东欧国家高校联合会成立宣言》。联合会通过定期磋商机制致力于构建成员大学间共享信息与资源的平台，每年轮流在

17国举行。自2013年以来,"中国—中东欧国家教育政策对话"已经举办了8届,联合会已经举办了7次会议。

2021年12月2日,联合会第7次会议在北京成功举办。会议以"推动中国—中东欧国家高等教育合作的可持续发展"为主题,共吸引来自中国和中东欧国家近500人现场或线上参会。会议落实了第8届中国—中东欧国家教育政策对话提出的"做大做强高校联合会"倡议,成立了经济学、法学、教育学、文学、历史学、理学、工学、医学、农业与生命科学以及应用技术10个学科建设共同体,分别由中国人民大学、中国政法大学、北京师范大学、北京外国语大学、东北师范大学、大连理工大学、西安交通大学、郑州大学、南京农业大学、深圳职业技术学院牵头。此举发挥了高校学科优势,促进了联合会内资源共享,进一步推动了中国与中东欧国家教育共同发展。

(2)搭建教育交流平台,拓展中国与中东欧教育合作的发展空间

自2006年保加利亚设立中东欧首家孔子学院以来,中国与中东欧17国合作建立了37所孔子学院和45个孔子课堂。此外,还成立了"中国—中东欧国家智库交流与合作网络"。2014年中国—中东欧国家领导人会晤期间通过的《中国—中东欧国家合作贝尔格莱德纲要》明确提出,定期召开中国—中东欧国家高级别智库研讨会,支持组建中国—中东欧国家智库交流与合作中心。2015年,在中国—中东欧国家领导人苏州会晤期间,各方共同签署《中国—中东欧国家合作苏州纲要》,明确提出支持组建"中国—中东欧国家智库交流与合作网络",定位为国际性智库协调机制与高端交流平台。2016年起,中国—中东欧国家智库交流与合作网络被纳入了中国社会科学院专业性智库,是目前中国社会科学院国际化程度最高的智库之一。"智库交流与合作网络"为中国与中东欧双方合作决策咨询方面作出了重要贡献。

(3)促进双方人员互联互通,为政治互信提供坚实的民心基础

人员互联互动是中国与中东欧国家高等教育交流的重要组成部分。从2013年至2017年,中东欧国家的来华留学生规模增长43.1%,攻读学位的来华留学生人数占中东欧总来华留学生数的比例有所提高。中国已同11个中东欧国家签署了双边教育合作协议。此外,中国在中东欧国家建立了5个中医中心、3所文化中心,中国与中东欧9个国家签署了互认高等学位的协议。"中国—中东欧青年研修交流营"已连续举办4届,成为推进中国与中东欧国家教育学术交流的重要机制。

2. 合作建议

(1)做好顶层设计,探索构建并精心设计中国与中东欧教育合作机制

中东欧国家民族宗教关系复杂,内聚性弱异质性强,存在党派斗争和政局动荡等安全风险。基于此,我国与中东欧17国教育合作的顺利前行,需对差异性和复杂性进行深入分析,探索构建并且精心设计中国—中东欧国家教育合作机制。加

强顶层设计,在共建"一带一路"和"17+1"总框架下探索构建中国—中东欧国家教育合作长效机制、制定《中东欧教育合作中长期发展规划》等可持续发展的全面规划,集聚双方优质教育资源,打造多层次的教育交流合作平台。实施"中东欧国家国际访问学者项目"和"中东欧国家青年领袖项目",培养青年精英对中国的了解和"一带一路"倡议的积极认知,为中东欧共建"一带一路"奠定坚实的民心基础。健全质量保障体系,推动我国与中东欧国家包括学位、学历、学分等高等教育资历的关联互认。我国与中东欧国家应共同设立"中国与中东欧教育合作专项基金",用于支持急需的高精尖人才培养,扩大奖学金规模,加强师资能力建设,推动科研合作和学术交流等。

(2)协调好与欧盟以及美俄的利益关切,制定差异化的、多元的教育交流与合作策略

中东欧国家教育发展水平参差不齐,国情差别较大,与中国合作过程中的诉求不同。总体来看,捷克、波兰、爱沙尼亚、斯洛文尼亚的教育发展程度在中东欧17国中较高,而北马其顿、波黑等国家教育发展程度较低。我国需结合各国教育发展状况,制定差异化的、多元的教育交流与合作策略,推动与中东欧国家合作。

(3)积极引导高校在中东欧开展境外办学,加快境外办学立法步伐

随着我国高等教育自身发展水平及国际认可度的不断提升,加之国家"一带一路"倡议实施对于专业人才的迫切需求,我国与中东欧国家高等教育领域的合作迎来新的机遇。有条件的高校在"引进来"的同时,需增强"走出去"的意识,向中东欧沿线国家输出中国的优质教育资源,包括在这些国家设立中外合作项目、举办海外分校或者具有东道国独立法人地位的境外高校等。与中东欧的教育强国进行合作,根据2018年QS发布的"QS高等教育体系实力世界前50名排名",中东欧国家的捷克、波兰和爱沙尼亚高等教育体系实力较强(依次为第38名、第43名和第49名)。应根据中东欧国家经济社会发展程度、对高等教育的不同诉求以及潜在办学风险等因素,科学论证高校走出去的国别优先顺序和特色资源等,还需考虑到东道国居民习俗、政局稳定性、合同法律风险的审查等问题。需要注意的是,我国高校在主动输出优质高等教育时还需注重办学质量而非数量,避免一拥而上。此外,我国相关部门需加快制定关于高校境外办学的指南以及完善相关条例。可以借鉴美国早在1997年出台的《海外以非美国人为对象的国际教育项目良好实践原则》,制定《中国创办境外国际教育项目良好实践准则》条例,鼓励和引导我国高校开展境外办学项目。

(4)着重与中东欧国家开展特色学科人才培养,加大联合培养学历学生的力度

地方政府、教育部门和高校着重与中东欧国家开展特色学科人才培养。诸如工程制造与服务业是斯洛文尼亚的优势学科领域,我国高校可以与斯洛文尼亚开展该领域的合作办学,为"一带一路"建设提供人才支撑。克罗地亚在海洋科技方

面具有传统优势,在地震科研与技术、兽医药研究及生产管理、造船技术、化工、电子、机械制造等领域均有一定特色,我国应积极促进相关专业人才的交流和学习。我国与希腊在运输、造船、修船、船员劳务、船舶注册等领域均有合作,双方可以进一步加强相关领域的人才培养。已经与共建国家开办孔子学院的中国大学可以考虑在现有汉语言文化教育的基础上,与当地的中资企业或本国企业联合,对中东欧国家所需的各行各业的专门人才展开培训,提升孔子学院所在国家的教育水平和人员就业能力。

高校应扩大中东欧国家来华留学生规模,提升学历生比重。加大联合培养学历型研究生的力度,挖掘特色教育资源,主动对接中东欧国家的教育需求,拓宽和创新留学生教育渠道,如创设致力于培养中东欧国家精英和行业领袖的"中东欧国家硕士""中东欧国家高级研修班"等项目。我国高校有必要加大对中东欧研究和中东欧国家小语种教学的扶持力度,支持区域与国别研究中心建设,同时可在高校课程设置中增设中东欧相关选修课程,为中国—中东欧合作储备人才资源。加强与中东欧国家高校间的交流合作,扩大我国出国留学生规模。中东欧国家方面,应全面提升中东欧高校对中国学生的吸引力,促进中国—中东欧人才的双向流通。

(5)深化双方国际研究合作,加强中东欧科学家引智工作

促进双方高校教师与研究人员的流动,扩大双方学者长期或短期访学进修的机会,鼓励双方学者建立常态化工作联络。积极开发并充分利用中东欧国家的人力资源优势,加大对中东欧科学家和学者的引智工作。深入开展中东欧国家杰出青年科学家来华工作项目和举办科技培训班。创设"中东欧杰出青年科学家来华工作计划",探索吸收中东欧国家杰出青年科学家到我国高校、科研院所和企业开展科研工作的机制。深入开展"中国—中东欧国家科技创新伙伴计划",由政府主导搭建国际科技合作平台,改善国际科技合作相关的政策和制度环境。鼓励我国科研机构、高校和企业与中东欧国家相关机构基于国际前沿或者各方优势建立科技合作联盟,建立"中国—中东欧联合实验室",鼓励共同发表前沿创新成果并加以应用。我国可以与中东欧国家的高校和科研机构通过欧盟的伊拉斯谟世界计划、我国的丝路基金、我国与中东欧各国的自然科学基金等资助率先开展科研合作,定期组织学术交流会和专家研讨会,开展重大科技攻关,协同支持有影响力的合作项目,真正实现优势互补、互利共赢。

5.2.2 与东盟的教育合作

中国与东盟合作有着极其深厚的、共同的社会文化根基,双方社会历史文化的同源性非常明显。一是儒家文化对中国与东盟国家影响很深远,对儒家文化的认同构成了中国和东盟国家政治、经济、文化、科技、教育等合作的基础。二是汉字和汉语在东南亚国家广泛使用,也为中国与东盟高等教育合作提供了有利条件。三

是佛教在中国和东盟国家是一些民众的宗教信仰,成为除了汉语以外连接中国与东盟国家文化交流的又一个纽带。四是相近的节日习俗表现出一种文化传承上的延续性,成为民间文化交流的重要载体,是中国与东盟国家文化教育合作的重要平台。简言之,中国与东盟经由长期的文化交流与合作所形成的共性文化,为彼此高等教育合作奠定了坚定的基础。

东盟是东南亚国家联盟的总称,成立于1967年,由印度尼西亚、新加坡、越南等10个国家组成,秘书处设在印度尼西亚首都雅加达。1991年,中国和东盟正式开启对话进程,至今已有30余年。相比与其他区域的合作,如中东欧、南亚等区域,中国与东盟高等教育交流与合作是最广泛的,无论是教师与学生交流、合作办学、科研合作,还是交流平台、机制建设和人力资源培训等进展都很迅猛。时任教育部部长陈宝生在第九届中国—东盟教育交流周上指出,面向未来,构建多元化的教育合作机制,加强教育合作,是打造中国—东盟关系新支柱的优先方向,也是开辟中国—东盟关系新的不竭动力。在2021年的中国—东盟教育交流周上,教育部部长怀进鹏表示,中国政府将继续坚持建设高质量教育体系,坚定教育对外开放不动摇的决心和信心,落实关于加快和扩大新时代教育对外开放的政策举措,深化同包括东盟在内世界各国的教育交流合作。东盟作为"一带一路"倡议的交流优先方向,中方愿同东盟一道建设更为紧密的中国—东盟命运共同体。

1. 合作成果

(1)高等教育合作日益广泛

从目前中国和东盟国家高等教育合作的现状看,合作覆盖很多方面,包括从互派学生到对方高校参观学习,到互派教师进行中短期访问交流;从互相提供奖学金机会,到进行中长期科研合作;从学分、学历、学位互认,到共同与产业界合作等。各种形式的互动为中国和东盟国家高等教育的深入合作打下了基础。通过这些合作,各国高校不仅促进了自身教学、科研和管理人员的国际化,同时还培养了大量具有跨文化交流能力和广阔国际视野的专业技术人才,这些人才活跃在不同国家的各行各业,成为推动中国和东盟国家全方位交流的重要力量。

(2)互派留学生人数不断增长

中国和东盟国家的深入合作带动了双方互派留学生数量的增长。据统计,2017年年底,双方互派的留学生数量就达22万,其中东盟在华留学人数超过9.5万。截至2019年6月,中国高校已开设了东盟10国官方语言专业,东盟国家建设了30多所孔子学院。随着中国和东盟国家经济的进一步发展、双方政治互信的提升以及人文交流频率的增加,中国和东盟国家间的留学还会不断升温。中国和东盟国家互派留学生主要集中在高等教育领域,这些留学生有的通过政府提供的奖学金在留学目的国高校学习和研究,有的自费到目的国高校学习语言、了解文化和进行专业深造,有的在企业、基金或高校的资助下参与中国和东盟国际高校之间的相关合作项目。随着中国和东盟国家的合作深入推进,东盟国家经济发展势头将越来越好,双向留学人数还会在中国和东盟国家高等教育机构的努力下继续增加。

(3)高等教育合作意向越来越强烈

当今世界,高等教育机构开展国际合作已成为常态,各国高等教育机构通过互学互鉴、相互帮助,取长补短,实现互利共赢。可以说,开展国际合作是高等教育机构的一种生存和发展方式。中国—东盟高等教育的合作实际上也体现了这一态势。2008年,首届"中国—东盟教育交流"周在中国贵阳举办,至今已连续成功举办13届。由于"中国—东盟教育交流周"平台级别高、影响力大,中国和东盟国家的相关高校都积极派代表参会,与会代表发起成立很多区域性或专业性大学联盟,如"中国—东盟工科大学联盟""中国—东盟轨道交通教育培训联盟"等,成员涵盖中国和东盟国家的很多顶尖大学和普通高校,成员高校已经通过多种方式启动各种合作项目,这充分反映了中国和东盟国家高校强烈的合作愿望。

(4)高等教育合作获得中国和东盟国家政府大力支持

2018年11月,中国和东盟成员国国家元首、政府首脑在新加坡共同出席第21次中国—东盟领导人会议暨中国—东盟建立面向和平与繁荣的战略伙伴关系15周年纪念峰会,表达了共同合作的强烈愿望,会议通过的《中国—东盟战略伙伴关系2030年愿景》表明了各方加强教育学术交流的共识。在2021年的第24次中国—东盟领导人会议上时任中国国务院总理李克强倡议建立中国—东盟教育官员会晤机制,同时提出要用好中国—东盟菁英奖学金等平台,会继续向中国—东盟合作基金增资。中国和东盟国家都意识到高等教育合作可以为本国培养国际化的高级专门人才,从而为本国经济发展以及本国对外合作提供人才支撑。正因为如此,各国政府都投入资金支持高等教育合作,从人才的跨国培养到科研的跨国合作,各国政府都给予了资助,中国政府的表现尤其突出。中国政府积极为东盟国家提供各种奖学金机会,让东盟各国学子有机会到中国学习和深造。例如,2018年,时任中国国务院总理李克强在第21次中国—东盟领导人会议上宣布设立中国—东盟菁英奖学金。该项目于2019年起正式实施,近百名东盟国家青年赴华攻读硕士博士学位、进行短期进修或参加能力建设培训项目。据了解,获得来自各国政府奖学金机会的学习者学成回国后,大都活跃在本国的政界、产业界和教育界,既促进了本国的经济社会的发展,也成为加强中国及东盟国家间交流的重要力量。

(5)非政府组织在中国和东盟国家高等教育合作的作用凸显

近年来,一些非政府组织在促进中国和东盟国家高等教育合作方面的努力取得了一定进展。由中国—东盟中心、东南亚教育部长组织高等教育与发展区域中心、卓越大学联盟等主办的"2014中国—东盟高校校长国际合作研讨会"在第7届"中国—东盟教育交流周"期间举行,我国9所顶尖工科大学和东盟国家的8所高校签署《联合声明》,宣布成立"中国—东盟工科大学联盟"。在联盟框架下,各校将通过相互开放课程、联合建设共享课程、加强人员交流等方式加强合作。2018年12月，南亚东南亚大学联盟在昆明成立，共有来自87所南亚东南亚大学、国内知名大学的校长及高校代表参会，参与该联盟的成员高校数量达107所，充分体现了这些高校参与国际交流和合作的强烈愿望。联盟将定期举办论坛，加强对话，通过学分互认、办学合作、智库交流等各种方式促进成员高校间交流。各种非政府组织用自身的方式积极探索中国和东盟国家高校间合作，效果越来越明显。

2. 合作建议

(1) 合作动机应逐渐从营利性向公益性延伸

中国—东盟教育合作滞后于经济合作，合作伊始，双方本着抢占教育市场、发展教育产业为出发点，合作被加入了较多的商业元素，教育互助合作和协同发展的理念被忽视。随着双方进一步相互开放教育服务领域，教育合作的基础逐渐被打牢，不应过多偏重营利，而是逐渐向公益性延伸。

近年来，我国致力于推进区域教育大开放、大交流和大融合，积极推动"一带一路"国家教育合作和共同行动，携手提升区域教育影响力，积极推进教育命运共同体建设，凸显教育合作的人文关怀。《推进共建"一带一路"教育行动》明确指出我国愿在力所能及的范围内承担更多责任义务，为区域教育大发展作更大贡献，充分体现了教育合作的公益性。我国与东盟高等教育合作，应协调好营利和公益的关系，积极完成追求商业利益到体现人文关怀的延伸。第一，协助东盟高等教育发展相对落后的国家培养具有国际眼光、具备国际知识和技能的综合型人才。第二，双方高等教育合作应严把质量关，不能为了商业利益而降低学术标准，在商业化背景下严把学术标准，将商业目的和学术目的相融合。第三，我国在东盟各国已经开办了31所孔子学院和35所孔子课堂，在泰国、老挝、新加坡等国建设中国文化中心，发挥好这些平台的作用，为当地人民了解中国、学习汉语、体验中国传统文化等提供多方面的帮助。

(2) 合作要素应逐渐从扁平型向立体化转变

伴随着"一带一路"倡议的推进，中国—东盟高等教育合作不断深化升级。起初，双方合作层次不高，合作要素也较为单一，但随着合作领域不断增多，活动渐趋多样化，合作从一般性人文交流逐渐深化和升级，形式逐渐丰富，功能不断增多，承载更多元素，合作平台也更加综合性。从合作要素来看，双方合作正逐渐从扁平型向立体化转变。

高等教育交流与合作要素一般由政府、高校民间组织等外围要素和学生交流、合作办学、教师互派、科研合作、课程合作、学历学位互认、人员培训等内生要素组成。内生要素是双方交流与合作的源泉和动力，是推动合作的根据，外围要素是合作优化升级的条件，内外要素共同作用于对外开放的意识和行动，推动合作的持续进行。就内生要素而言，学生交流和合作办学一般最先开展并且逐渐形成规模，教师互派、科研合作、课程合作、学历学位互认、人员培训发展相对滞后,规模效应较难形成。为推进双方教育合作的继续深入发展,需要各外围要素更加积极主动,展现出对外合作的自信和动力。中国与东盟双方共同行动,在合作要素上扩大范围,往深层次发展,实现全方位、立体化、更深度的合作,充分发挥教育在共建"一带一路"中的基础性和先导性作用。

(3)合作取向应逐渐由活动式向过程性转型

西方很多学者把高等教育交流与合作看作形式多样的一系列活动或服务,而欧洲国际教育协会和国际大学协会(IAU)高等教育国际化任务实施小组都曾指出高等教育国际化是一个过程。前者以活动为媒介,侧重在活动中开展合作,而后者以学生为中心的理念,被更广泛地接受。中国与东盟的高等教育交流与合作,除了开展师生交流、留学、语言教育、合作办学、合建实验室、学科和科研合作等一系列的活动,更重要的是应把高等教育合作看作一个过程,积极营造国际化环境及跨文化氛围,将跨文化教育渗透到高校的教学、科研、人才培养、社会服务和文化传承中,在这个过程中,培养学生的国际知识、技能、态度、价值观,激发其全球意识和精神气质。

随着中国—东盟自贸区建设的不断升级,并顺应高等教育发展趋势,双方应积极帮助对方、学生更快更高效地完成融入本地主流文化和学生群体这一过程。在此过程中,首先,提高课程国际化的实施层次,不仅开设冠以"国际"名称一般课程,更重要的是加大真正能体现有助于推进国际化进程的双语课、跨文化课、互换师生交流课等的比例;其次,教学上应注重融入彼此国家政治、经济、文化、教育、民风民俗等的内容,最大限度地为学生提供涵盖国际视野的知识框架或载体;最后,积极加大国外专家参与等国际元素,教材、仪器设备、教学方法应主动对接高质量国际化人才培养的需求。

(4)合作模式应逐渐从单一型向多元化发展

东盟十国发展不平衡,国与国之间差异较大,按经济发展水平,可以分为以新加坡为代表的发达国家,泰国、马来西亚、印度尼西亚、菲律宾、文莱等经济稍好的发展中国家,以及老挝、柬埔寨、越南、缅甸等经济欠发达的国家。各国语言、宗教、风俗不尽相同,尤其宗教信仰差异大,小乘佛教、大乘佛教、天主教、基督教和伊斯兰教分别在不同国家盛行。从教育发展水平看,新加坡高等教育发展水平高,新加坡国立大学和南洋理工大学的世界大学排名均在前100名。泰国和印度尼西亚的高校规模大,近年来发展较快。老挝、柬埔寨、越南、缅甸高等教育发展明显落后于其他6国。所以我国在推进"一带一路"教育合作战略中,不应仅采用一个合作模式,有必要分类开展与这些国家的教育交流与合作,以实现双方教育发展和需求的契合。

我国与东盟各国的高等教育合作,从一开始的"一视同仁"正在往合作模式的多元化发展。新加坡教育发展水平高,拥有先进的教育理念、优良的课程开发等方面的比较优势,很多宝贵经验值得我国政府、高校和相关教育机构借鉴和学习。鉴于双方高等教育交流合作尚不平衡,今后两国合作尤其是我国华南和西南省份在合作中应采取学习和引进模式。泰国和印度尼西亚是东盟高等教育相对发达的两个国家,其高校众多,交流和合作需求大,我国与之合作采取双向促进模式。而对老挝、柬埔寨、越南、缅甸等国则要推广教育帮扶模式,利用好我国高等教育比较优势,开展诸如科研援助、共建实验室等活动,抑或派出教师指导教学或课程,并辅以推动其人才培养和人力资源培训。针对其他东盟国家,实行以教育资源输出为侧重的双向互动模式,这些国家在教育发展战略上需要中国,也希望被我国列为教育合作国,同时他们也被我国看作"一带一路"共建国家重点合作对象,在与其教育合作中,吸引或输出各自优质教育资源,逐渐扩大高等教育影响力。

(5)合作范围应逐渐从基础型向全面化发展

教师和学生交流活动是各国开展高等教育国际化的基本操作和最先开发的基础型合作,随着双方交流合作的推进,合作的内涵将不断延伸,逐渐涵盖高校教学、课程、共建平台、学科和科研合作、社会服务、文化传承、政府和高等教育机构管理、人员培训等多领域的跨文化行为,形成全面化合作。

以中国—东盟教育交流周为例,15年来,教育交流周发展成为一个国家级的人文交流平台,从最初的我国主导发展到我国和东盟"10+1"全员主动参与,参会规模达3000余人,翻了十几倍,每年开展的活动数也翻了十几番,形式涵盖研讨会、论坛、竞赛、展览、夏令营、洽谈会、培训班等。目前,中国与东盟高等教育合作已涵盖学生交流、人才培养、教师交流和培训、教师互派任教、科研合作、质量评估与资格认证、创建学校联盟或教育共同体等多个领域。另外,近年来职业教育合作作为一个单独的领域被开发,除了签署合作协议、共同举办各类活动、国家间校企合作等形式,2017年7月双方成立了中国—东盟职教合作联盟。由此可见,教育合作已由最初的学术交流逐渐渗透、升级到教育领域的方方面面。泰中文化经济协会会长、泰国前副总理颇钦曾说:"中国文化同东南亚文化深度契合,中华文明和东南亚文明共融共生,很高兴看到中国与东盟在各个领域的合作不断加强并全面深化。"

(6)合作方向应逐渐从单通道向双向化升级

2010年,我国提出"双十万计划",不仅指来华留学生要达到10万,走出去赴东盟的学生也要有10万,从进展情况看,"出"明显滞后于"进"。"一带一路"倡议强调"走出去",传播中华优秀传统文化,推广我国高校、课程、教学、培训,促进办学、学科和科研的合作,并适时提供多种教育援助。今后我国与东盟的高等教育合作应在"进"的基础上加强"出"的合作。

1999—2013年,全球来华留学生数量逐年上升,东盟来华留学生增长更加显著。2013年,全球来华留学生数量前20位的国家中,东盟占了6席,分别是泰国、印度尼西亚、越南、马来西亚、新加坡、老挝。东盟国家来华留学生从2010年的

49000人增长至2016年的8万余人,中国赴东盟国家留学生从2010年的17000人增长到2016年的4万余人。从数量上看,虽然"进""出"差已经从2010年的3倍缩小至2016年的2倍,但差异仍有4万人。另外,在举办的办学机构和项目方面,同样是进大于出。我国与东盟的高等教育交流与合作方向上,要由"进"向"出"延伸,从国家、地方到高校及相关高等教育机构都要调整教育国际化战略方向,促进双方合作路径逐渐从单通道向双向化升级。

研究生和高级进修生基本能代表来华留学教育中的较高层次,目前,此类留学生来华比例相对较低,这就要求我国高校进一步加强内涵建设,提升办学水平和知名度,在稳步扩大目前东盟留学生规模的基础上提升层次,设定长远目标,保证教育服务量化扩张的同时,努力提升服务层次和水平。另外,在教育输出上,汉语、传统文化、高铁及相关产业及其科研合作已逐渐成为我国走向东盟的几张名片,整合高等教育机构、校企资源,积极走出去,以帮助东盟国家培养推动经济社会发展的人才为突破口,持续探索高层次教育合作的有效路径。

5.2.3 与俄罗斯的教育合作

中俄两国有着天然的地缘优势,良好的合作传统和高等教育相似的发展历程,这些都给双方高校国际交流与合作在广度和深度上带来了巨大的契机。中俄两国的教育交流与合作最早可以追溯到1689年签订《尼布楚条约》,这是当时的俄国官方向中国派遣留学生的开始。1708年,清政府创办了俄罗斯文馆,这是我国的第一所俄文学校。此后150余年里,俄罗斯向中国派遣了14批传教士团,中国人开始对俄国文化有了详细了解。

中华人民共和国成立后不久,为了学习先进科学文化和管理经验,向苏联派遣了大规模留学生,1949年以后的教育体系是借鉴了苏联的教育经验。后来中苏两国关系恶化导致教育交流受到严重影响,直到1984年才又恢复正常。自此两国教育部门开始在协议中确立校际交流关系,互派留学人员与教师,合作日益频繁。苏联解体后,中俄两国关系发展一直保持良好态势,两国间的教育合作规模也在不断扩大。1995年6月,两国签署了互认学历学位的协议,1996年中国教育部设立了国家留学基金管理委员会,负责对中国学生到俄罗斯学习、进修、实习等管理与派遣事宜。2000年在中俄总理定期会晤机制框架下又成立了中俄教育、文化、卫生、体育合作委员会,开始了两国政界人士和专家定期互访,使得教育合作高层磋商机制更加规范化。这些组织的成立和协议的签订标志着中俄合作步入新阶段,也推动了两国在教育领域合作全方位的发展。

当前,中俄高等教育交流合作主要有双边、多边合作,形成了多层次、多类型的合作交流机制。合作形式有留学教育、合作办学、高校联盟、高校间教育活动与科研项目合作等,呈现出交流合作的内容、领域不断丰富,平台和渠道日渐多样;交流互动频繁的特点。

1. 合作现状

(1) 留学生规模逐年扩大

留学是中俄高等教育合作最主要和直接的形式,一直以来,中国学生对俄罗斯国际教育市场服务的性价比认可度很高。2019年,中俄各类教育方案框架内的学生交流人数达10万人,有4.8万名中国学生在俄罗斯的大学学习,有2万名俄罗斯学生在中国的大学学习,两国共计有3万多名公民参加在对方的短期教育项目。从2017年到2021年,在中国的俄罗斯学生人数增加36%,在俄罗斯的中国学生增加100%以上。

俄罗斯很多高校将争取中国留学生作为招收留学生工作的重点,莫斯科国立大学、圣彼得堡国立大学等知名大学官网可以用中文浏览部分内容;圣彼得堡国立大学和圣彼得堡彼得大帝理工大学分别在哈尔滨和上海设代表处。2017—2018学年,俄方为中国留学生颁发了约100份奖学金。2021—2022学年,中国留学俄罗斯的学生获得了1011个预算资助学习名额,比2020年增加了71个。

近年来,随着中国经济实力快速提升,汉语热也在俄罗斯各地兴起,俄罗斯来华留学生人数呈增长态势,从1997年的557人,到2007年的7261人,再到2017年的1.7万人,20年间增长了近30倍。目前,汉语已经进入到俄罗斯国民教育体系中,成为高考的外语科目之一,俄罗斯也排到了来华留学人数榜的第6位。

(2) 合作办学快速发展

经过30年的发展,中俄关系提升到新时代全面战略协作伙伴的水平,教育交流由过去的互派留学生逐渐拓展至合作办学。在很长一段时间里,俄罗斯都是中国对外合作办学的主要外方伙伴,在合作办学近20年历史中,俄罗斯已成为继英国、美国、澳大利亚之后中外合作办学的第四大合作国。截至2021年年底,获得教育部批准或省级教育主管机构批准的中俄合作办学机构20个,本科层次合作项目70个,硕士层次合作项目4个,专科层次合作项目21个。两国合作办学项目数量多,又以中国引进俄高等教育资源为主。双方从高等教育体系的经验交流,到具体的人才培养模式、课程设置、师资培训等方面展开合作,提高了双方高等教育国际化水平和层次。

(3) 积极开展合作交流

高校联盟是2个或多个高校为了达成共同愿景、实现共同利益,在内外部力量作用下,通过联盟契约结成的资源共享、知识互补、风险共担的松散的多边合作联合体。中俄高校联盟是两国高等教育交流合作的重要形式,为多所高校实现教学、科研等资源的共享共建创造了条件,增强了两国同类高校间的交流与联系。自2011年起,两国政府引导构建高校之间对口合作,建立中俄高校联盟。截至2020年10月,中俄两国联合成立11个同类高校联盟以及中国东北地区与俄罗斯远东西伯利亚地区高校联盟、中国长江中上游地区与俄罗斯伏尔加河沿岸联邦区高校联盟 2 个区域性高校联盟,还有上海合作组织大学。

中俄高校间的合作也非常活跃。2020 年,中国和俄罗斯的大学签署了约 300 份合作协议,内容包括实施联合教育计划、学生语言培训以及联合科研活动等。此外,中俄在联合网校框架内也积极开展合作,2020 年约有 4000 名来自中国大学的学生参加了由俄罗斯大学举办的夏季和冬季学校。2020—2021 年是中俄科技创新年,俄罗斯一些高校筹办了一系列"中俄科技创新年"活动。圣彼得堡彼得大帝理工大学与中国科学院技术物理研究所签署了有关建立 2 个联合实验室的协议。此外,该大学还计划加强与中国恒逸医疗器械有限公司及华为技术有限公司的合作。2020 年 6 月 29 日,由北京大学和莫斯科国立大学牵头建设的中俄数学中心成立。该中心将探究并借鉴俄罗斯数学独立发展的成功经验,借鉴以莫斯科国立大学为代表的俄罗斯重要大学在选拔培养数学人才方面的成功经验,依托数学"双一流"建设联盟,组织推动国内高校数学院系与俄罗斯乃至全世界顶尖数学机构的全方位合作交流。

2. 合作建议

(1) 拓宽两国高等教育交流与合作的内容

第一,扩大中俄高等教育留学生双向交流规模,提升留学生培养质量。一方面,继续增强中国对俄留学吸引力,扩大来华俄罗斯留学生数量,保持中国作为俄罗斯最大留学目的国的地位;另一方面,加强俄罗斯教育留学市场的开发,增加中国赴俄留学生的数量。同时,提升两国在对方国留学的学历层次,鼓励更多留学生在硕士和博士阶段学习。此外,要发挥国家公派留学对高端人才培养的调控补给作用,加快培养国家战略急需人才,鼓励更多中国学生赴俄学习航空航天、生物技术、精密仪器、石油工程等俄罗斯高校具有传统优势且对我国未来发展意义重大的专业,鼓励更多的俄罗斯留学生在中国学习工程、技术、医学等专业。而且要提高双方留学生培养质量,并将留学生的培养重点从教学转移到改善毕业生的就业前景上来,提高留学满意度和吸引力。

第二,加强中俄语言与文化的融通交流。语言与文化的融通交流是两国高等教育交流与合作的基础和先导。立足于长远发展的需求,应大幅增加中国以俄语、俄罗斯以汉语作为外语甚至第一外语的学生人数。具体来说,要将汉语和俄语纳入对方学校课程体系;增加在俄罗斯教授汉语、在中国教授俄语的教师人数;拓展政府间语言学习交换项目;增加汉语和俄语学习者到对方国学习进修机会。针对两国当前共同以英语作为最大外语的现状,可暂时考虑以英语作为教学和交际的媒介,未来考虑俄语、汉语和英语 3 种语言混合使用。但需要注意的是,只是大幅增加单纯语言学习者的数量,短期内可能会带来语言学习者就业前景堪忧的问题。因此,需要强调自然科学、技术和工程等非语言专业与两三门语言的混合学习,将长期目标与短期目标相结合,优化学生的就业前景。

第三,建构两国高校间的实质性合作伙伴关系。支持两国高校建立直接联系,使校际交流成为两国教育领域合作的主渠道之一。具体来说,一方面,将两国已经签署的高校协议文本转化为务实合作的具体成果,对于长期搁置不用的协议,可以考虑废除,同时鼓励有合作基础、有共同研究项目和发展目标的学校缔结姊妹关系,逐步拓展教育合作交流。高校合作不应仅仅局限在交换学生、参加对方学术会议等层面,更应该以项目合作为推进点,加强学科对接,鼓励高水平专家的流动和合作性更强项目的实施。另一方面,需要在优势互补、学科对接的基础上培育两国高校合作的新意愿和新动能。正如俄罗斯国际事务委员会向俄罗斯高校建议的,应按照强强合作的原则在自身利益的基础上积极主动、审慎选择中国伙伴高校。另外,合作高校的地理分布要走出中国东北地区和俄罗斯远东地区的限制,大力促进俄罗斯更多的研究型大学、联邦大学与中国南方、沿海省份高校的合作。

第四,积极提高两国高等教育合作办学水平。首先,针对合作主体不对等的状况,需要双方进一步在政策上进行沟通,在互利共赢、共同发展的原则基础上健全合作办学相关法规和配套政策,完善准入制度,简化审批程序,促进评估认证,强化退出机制,加强信息公开,健全质量保障体系。其次,针对双方合作定位偏低的状况,需要双方充分利用对方的优质教育资源,选择有较好市场前景的学科专业,在做好本科生联合培养项目的同时,逐步放开硕士研究生、博士研究生的联合培养。在合作契合点的选择上,重点围绕两国急需的自然科学与工程技术类专业建设,引入对方的优质教育资源。以深圳北理莫斯科大学为示范,构建融入当地、利于合作的人才培养模式、运行管理模式、服务模式和公共关系模式。

(2)提升两国高等教育交流与合作的层次

当前中俄两国都处于深化经济改革和调整产业结构的关键时期,中俄科技与创新合作已成为中俄双边关系的最重要方面之一。在两国共同向创新型国家转型的大背景下,高等教育被不约而同地置于国家创新体系的首要前沿阵地,拓展和深化两国高校科技合作势在必行。两国需要以创新为目标,以科技合作为引领,提升高等教育交流与合作的层次,带动学生流动、教师互派、合作办学、学校伙伴关系等传统合作领域的发展,共同提高高校的创新能力,提升两国在全球价值链的地位,打破西方国家的技术封锁,缩短与世界发达国家的技术和创新能力差距。

首先,促进两国高校教师与科研人员的流动,特别是高水平专家的流动。为此,需要在以下方面作出努力:成立中俄科技人才合作组织,加强双方科技人才信息沟通;扩大两国学者长期或短期访学进修的机会,帮助其熟悉对方国的教育制度和学术优势;鼓励两国学者建立常态性工作联系,为以后共同进行科学研究创造条件;定期组织学术交流会和专家研讨会,开展学术对话,确立共同研究课题;两国政府提供资金支持,鼓励教师和学者围绕共同感兴趣的项目进行合作研究;政府及时出台相关人才政策、待遇标准，激励并落实双方科技人才引进工作；加强两国科研规范的融通和学术标准的兼容，拉近两国合作发表学术成果的需求；在汉语和俄语尚未成为成熟沟通媒介的情况下，鼓励两国学者使用英语进行学术交流；加强两国学位学历标准的互认，消除教师和学者流动的障碍；改善学者去对方国家工作的职业前景，提高两国学者到对方国家流动的动机。

其次，联动两国的高校和企业，发展大科学领域的合作项目。两国高校要加强开展实质性合作研究项目，避免低水平重复，注重向大科学领域倾斜。当前，新材料、环保节能技术、生物技术、高能物理、化学与石油化学、工程学、仪器仪表与自动化、电信、电子与信息技术、地震学等诸多领域对双方来说都具有优先性，被称为"大科学"领域。两国学者和科学家应携手努力，开展重大科技攻关，加强大科学领域的前沿合作，形成和支持一批有影响力的科技合作项目，实现资源共享、优势互补、互利共赢。

最后，建立促进两国高等教育科技合作的保障机制。例如，举办"科学年""教育年"和"创新年"；定期举办中俄青年创新创业大赛、中俄科技型中小微企业对接会、中俄创新投资论坛、中俄科技园区合作论坛等活动，实现对话机制本身的品牌跃升；建立双方科技合作信息网络系统，完善双方科技信息交流渠道；两国高校依托优势专业和学科，建立联合实验室、研究中心、联合技术转移中心；加快建设中俄合作科技园、技术园、创新园，针对已经出现的问题，重点加强制度建设，规范科技经济合作的运作方式，提升双方对可持续发展模式的认同，优化经费支持和人才供给的环境，通过双方共同设立的风险基金增加科研合作抗风险能力，提高科研合作的管理效率。

参考文献

[1] 阎聆萱,薛光武,段荣娟."一带一路"高等教育成就与发展态势[J].理论观察,2021(1):164-167.
[2] 寇杪."一带一路"倡议下的高等教育发展方向与模式[J].中国成人教育,2020(2):25-27.
[3] 郜海霞,刘宝存."一带一路"教育共同体构建与区域教育治理模式创新[J].湖南师范大学教育科学学报,2018,17(6):37-44.
[4] 吴秀玲."一带一路"教育共同体建设：理念与策略[J].江苏经贸职业技术学院学报,2022(3):71-74.
[5] 马佳妮,周作宇."一带一路"倡议下中国与中东欧教育合作：挑战与机遇[J].中国高教研究,2019(12):65-71.
[6] 马早明."一带一路"背景下中国与东盟高等教育合作的策略选择[J].华南师范大学学报（社会科学版）,2017,1:70-72.
[7] 韩进,杨佳,尹宁伟."一带一路"背景下中国—东盟高等教育合作的路径选择[J].河北科技大学学报（社会科学版）,2019,19(2):102-106.
[8] 彭跃刚,丁龙.中国—东盟高等教育合作机制思考[J].教育文化论坛,2019,11(3):77-82.
[9] 刘昱洁.中俄高校交流与合作的历史及现状[J].学理论,2013(35):308-309.

[10] 靳会新,曲万涛. 中俄高等教育合作[J]. 俄罗斯学刊,2022,12(2):90-114.

[11] 刘淑华,宋永华. "一带一路"背景下的中俄高等教育合作:问题与对策[J]. 高等教育研究,2019,40(4):96-103.

[12] 刘进,林松月,高媛. 后疫情时期高等教育国际化新常态:基于对菲利普·阿特巴赫等21位学者的深度访谈[J]. 教育研究,2021,42(10):112-121.

[13] 丁帅,李洋,刘书青. "一带一路"建筑类大学国际联盟的实践与探索[J]. 教育国际交流,2023(2):49-52.